Vom Pleitegeier zum Adler

Wie ein perfekt geplantes System der Geldverwaltung zu mehr Zeit und Lebensglück führt.

BORIS PONITKA

Urheberrechte © 2019 von Boris Ponitka

Alle Rechte vorbehalten. Kein Teil dieses Buches darf ohne schriftliche Genehmigung des Herausgebers mit irgendwelchen Mitteln, grafisch, elektronisch oder mechanisch, einschließlich Fotokopieren, Aufzeichnen, Aufzeichnen oder Abrufen von Informationen durch ein Speichersystem, verwendet oder reproduziert werden, außer bei kurzen Zitaten verkörpert in kritischen Artikeln und Rezensionen.

Inhaltsverzeichnis

Teil 1 – Das Mindset: Das parkinsonsche Gesetz –
Die erste Begegnung 6

Teil 2 – Das Geld kommt: Einkommen und Geldeingänge 18

Teil 3 – Wertpapiere sind nicht unser Feind:
Das Aktienportfolio 36

Teil 4 – Bildung mit allen Facetten: Das finanzielle
Mindset stärken und ausbauen 52

Teil 5 – Das Konten System 56

Teil 6 – Systemkonten 66

Teil 7 – Rücklagen bilden: Was sind Rücklagen? 69

Teil 8 – Das System in der Anwendung: Das Konten
System ist eingerichtet 99

Teil 9 – Der Schuldenkobold schlägt zu: Geiz ist geil, oder? 111

Teil 10 – Der Gott der Sparsamkeit: Zeitlose Tipps zum
Thema sparen 129

Teil 11 – Die Reise beginnt: Drei Buchstaben für den Erfolg 141

Einleitung

Hallo und willkommen in der Welt der Finanzen. Als erstes möchte ich mich einmal bedanken, dass du trotz des etwas reißerischen Titels den Entschluss gefasst hast, dieses Buch zu kaufen. Ich verspreche dir an dieser Stelle schon einmal: Du wirst es nicht bereuen. Ich möchte nun auch weitere Dinge ansprechen, die ich für besonders wichtig halte. Ich nutze in diesem Buch generell die Du Form, da ich denke, dass das Thema Geld dadurch etwas weniger trocken erscheint. Ich möchte anmerken, dass ich grundsätzlich immer rede, wie mir der Mund gewachsen ist. Also fühl dich bitte nicht komisch, wenn ich einmal etwas schreibe, was nicht ganz dem Knigge entspricht.

Ein Buch über Geld bzw. ein Ratgeber bedeutet nicht wirklich, dass nur hohle Phrasen oder nachgeplappertes Halbwissen zum Besten gegeben werden. Ich bin natürlich kein Bestsellerautor (jedenfalls noch nicht...), jedoch habe ich in finanzieller Hinsicht bereits einige Sachen gemeistert und auch geschafft. Ich möchte dieses Buch einerseits als Ratgeber und andererseits als Leitfaden aufbauen. Wie du dieses im Endeffekt betitelst bleibt dir überlassen. Das Hauptproblem bei sehr vielen Büchern und auch Ratgebern zu finanziellen Themen ist ganz einfach das Allgemeine. Damit meine ich verallgemeinerte Phrasen und aufgeschnapptes Wissen. Themen werden teilweise weitergetragen oder einfach etwas verändert und immer wieder herausgebracht.

Vom Pleitegeier zum Adler

Der Stichpunkt „Bezahle dich zuerst" kommt fast in jedem Buch vor, dass sich auch nur in kleinstem Maße anlehnt an das Thema Finanzen und Geldumgang. Natürlich ist das wichtig und natürlich muss man darüber nachdenken, doch wenn ich es in 15 Büchern 14mal lese, hängt es mir auch zum Hals raus. Mit diesem Buch möchte ich meinen Umgang mit Geld aufzeigen und warum es ausnahmslos für jeden möglich ist mit seinem Einkommen auszukommen. In gewisser Weise möchte ich anhand persönlicher Beispiele erklären, wie ich mit Geld umgehe. Hier muss angemerkt werden, dass ich den heiligen Gral hierbei auch noch nicht gefunden habe, jedoch es seit Jahren schaffe gut mit dem – vorhandenen – Geld auszukommen.

Wer schreibt hier eigentlich?

An dieser Stelle möchte ich mich dir nun erst einmal ausführlich vorstellen. Mein Name ist Boris Ponitka und ich bin Baujahr 1984. Ich bin einer von wenigen, die sich im Ratgeberbereich bewegen und dabei kein Pseudonym nutzen. Warum sollte ich das auch? Ich möchte mich bewusst etwas abgrenzen und meinen Weg hier aufzeigen.

Selbstverständlich möchte ich auch ein kleines Taschengeld mit diesen Zeilen verdienen, was meines Erachtens auch völlig legitim ist. In Zeiten des Self Publishing sieht man es nur leider immer wieder, dass Texte und sogar ganze Bücher gekauft werden und einfach unter Pseudonymen veröffentlicht werden. Hier steht einzig und allein das monetäre im Vordergrund.

Self Publishing bezeichnet die Möglichkeit seine geschriebenen Bücher ohne Verlag oder andere Hilfe zu veröffentlichen und zu verkaufen. Heutzutage ist das eine wirklich fantastische Gelegenheit, um sein Wissen zu transportieren und hinaus in die Welt zu geben.

Als Autor musste man in früheren Zeiten grundsätzlich die Umwege über klassische Verlage gehen. Einerseits möchte ich Mehrwert liefern, was soviel bedeutet, dass andere aus meinen Erfahrungen und Fehlern lernen können und auch sollen. Andererseits möchte ich mit diesem Mehrwert auch etwas Geld verdienen.

Daran ist absolut nichts Verwerfliches. Trotzdem richte ich meinen Mehrwert, dieses Buch als Beispiel, nicht primär darauf aus das maximale an Geld heraus zu holen. Vielmehr möchte ich ein wirkliches Kompendium erstellen und damit auch meine eigene Herangehensweise aufzeigen.

Wir haben vor ein paar Jahren ein Haus gebaut. Soweit ist das mittlerweile nichts Besonderes mehr. Bitte nicht falsch verstehen, es ist schon eine tolle Leistung und das Gefühl ist einfach nur großartig im eigenen Haus zu wohnen, wo man früher auf Wiese und Feld gestanden hat, um sich das Grundstück anzusehen.

Da wir in einem Neubaugebiet gebaut haben, waren wir in der Umgebung natürlich nicht alleine. Wenn sich unter Nachbarn Unterhaltungen ergeben, sind gängige Themen meistens bautechnische Sachen und/oder finanzielle.

Kurz nach unserer Bauzeit hat sich direkt Tochter Nummer 2 angekündigt, was finanziell hieß, dass meine Frau noch weiter zuhause blieb und den Haushalt tadellos geschmissen hat. Da ich jedem, der es wissen wollte, beispielsweise davon erzählt habe, dass wir 3% und mehr tilgen, um schnell mit dem Schuldenberg abzuschließen, kamen langsam Fragen auf.

Doch warum kann und konnte ich das? Ich habe einfach in jungen Jahren angefangen mich intensiv mit meinen Geldflüssen zu beschäftigen. Was kommt rein? Wann kommt es rein? Von wo kommt

Wer schreibt hier eigentlich?

es rein? Was kostet mein Monat? Was brauche ich? Welche Rücklagen muss ich haben? Wieviel Kreditrate kann ich mir leisten?

Den Anfang hat die Ausbildung gemacht. Mit 18 habe ich erst angefangen zu lernen, was zur damaligen Zeit schon relativ spät war. Nichts desto trotz hatte ich bereits ein Auto. Das war auch bitter nötig, denn die Ausbildungsstelle war 50 km entfernt. Täglich bin ich also 100 km nur gefahren, um zur Arbeit und zurück zu kommen.

Mit zarten 18 habe ich auch bereits allein gewohnt. Nicht, weil ich mich mit meinen Eltern verkracht habe oder ähnliches, sondern ganz einfach, weil ich es so wollte. Neben dem Geld für Benzin fiel also auch entsprechend Miete an.

TEIL 1 – DAS MINDSET

Das parkinsonsche Gesetz – Die erste Begegnung

Als Lehrling bei der Deutschen Post AG habe ich nicht wirklich schlecht verdient. Meine Großeltern und meine Eltern haben mich regelmäßig (monatlich) finanziell unterstützt mit nicht wirklich wenig Geld. Im Grunde genommen hatte ich ein recht passables Einkommen. Genau an dieser Stelle habe ich das parkinsonsche Gesetz kennengelernt.

Parkinson hat in diesem Fall nichts mit der bekannten Krankheit zu tun. Vielmehr handelt es sich um einen Engländer, Cyril Northcote Parkinson, der ein Buch zu diesem Thema geschrieben und eine Gesetzmäßigkeit abgeleitet hat.

Diese besagt ganz einfach, dass sich die Ausgaben immer dem Einkommen anpassen. Wenn ich also 1500 € verdiene, wird das Geld aufgebraucht. Genauso verhält es sich, wenn ich 10.000 € zur Verfügung habe. Zu diesem Zeitpunkt habe ich mich absolut null für so etwas interessiert.

Diese Erkenntnis kam jedoch erst viele Jahre später, nachdem ich Finanzliteratur für mich entdeckt habe und vieles gelernt habe in diesem Zusammenhang. Warum schreibe ich über dieses Gesetz im

Das Mindset

Zusammenhang mit meinem Lehrlingsgehalt? Ganz einfach, es war einfach immer alle! Es hat einfach nie gereicht.

Anfang der vierten Woche jedes Monats war wirklich Ebbe im Portemonnaie. Gleichermaßen habe ich es mir aber auch nicht nehmen lassen jedes Wochenende Party machen zu gehen, obwohl ich wusste, dass es wieder knapp wird. Das Benzingeld habe ich mir direkt nach Geldeingang in Bar abgehoben und ins Auto gelegt, damit ich immer zur Arbeit und zurückkomme.

Das Ganze ging tatsächlich soweit, dass ich bei einem Discounter, ich denke damals war es noch der Plus Markt, mir 3 bis 4 abgepackte Brotpakete gekauft habe. Dazu gab es dann 3 Packungen Käse und ein Stück Butter. Natürlich wäre es auch möglich gewesen einfach mal zu meinen Eltern oder Großeltern zu gehen, da etwas zu essen, und die Sache wäre erledigt gewesen.

Da kam mir aber der Stolz in die Quere. Ich wollte ja für mich allein sorgen und allein wohnen. Ich habe mich also durchgeschlagen und im Prinzip von einem auf den anderen Tag gelebt. Zu dem Zeitpunkt habe ich das schon etwas hinterfragt, aber nie in dem Maße, dass es mich dazu gebracht hätte daran etwas aktiv zu ändern.

Vom Pleitegeier zum Adler

Erster Kontakt mit finanziellem Mindset

Einmal in der Woche musste ich zur Berufsschule. Im Großen und Ganzen ist das natürlich jetzt kein besonderer Moment zum Festhalten. Doch genau diese Berufsschule und vor allem ein Lehrer haben mich, im Nachhinein betrachtet, genau dahin gebracht, wo ich nun bin. Ich sitze an meinem PC und schreibe für dich ein Buch zum Thema Geldverwaltung und finanzieller Intelligenz.

Mein Lehrer für angewandte Praxis sagte in seinem Unterricht, dass er alle Kosten auf ein anderes Konto überweist, großzügig aufrundet und sich entspannt zurücklehnt. Zu diesem Zeitpunkt habe ich das noch nicht ganz verstanden, doch das war quasi die Geburtsstunde meiner Finanzbildung. Erstmal ist so gut wie nichts passiert, bis ich einmal intensiv darüber nachgedacht habe.

Mit meinen zarten 18 Jahren habe ich mir tatsächlich den Kopf zerbrochen, wie er das gemeint hat. Ganz leichte Ideen hatte ich dazu schon, jedoch nicht wirklich ausgereift. Was macht man, wenn man keine Ahnung hat? Ganz klar: Nachfragen! Also habe ich in einer der nächsten Stunden das Gespräch gesucht und noch einmal tiefer gebohrt.

Inhaltlich war die Erklärung annähernd gleich, doch ich begann zu verstehen. Ein zweites Konto befreit mich von Stress und Sorgen? Mein Lehrer redete sogar von einem zweiten Konto auf Internetbasis, also

Das Mindset

eine Direktbank ohne Vertrieb oder dergleichen. Das waren natürlich alles böhmische Dörfer zu der Zeit.

Wirkliches Interesse hatte ich aber an der „Auslagermethode", also dem Zwei-Konten-Prinzip. Abends habe ich mir daher meine paar Ausgaben aufgeschrieben und versucht eine Methode zu entwickeln alles etwas einfacher zu gestalten. Natürlich immer mit meinem Pauker im Hinterkopf, bei dem alles „so leicht" von der Hand zu gehen schien.

Zu dieser Zeit habe ich noch keine Ahnung von Zahlungsintervallen der Versicherer oder anderen Kniffen. An anderen Stellen in diesem Buch werde ich auf solche spezifischen Punkte noch sehr genau eingehen. Das nur als kleine Randbemerkung. Ich habe mir einfach für jede wiederkehrende Zahlung ein großes Blatt Papier genommen und diese aufgeschrieben. Beispielsweise war es vor ein paar Jahren noch nicht üblich die KFZ Versicherung monatlich zu zahlen.

Es kann auch sein, dass ich das von meinen Eltern oder Großeltern einfach übernommen habe, da ich den gleichen Versicherungsagenten hatte. An dieser Stelle muss ich das „hatten" tatsächlich besonders betonen. Wenn man anfängt sich für sein Geld zu interessieren, sind Versicherungen ein wunderbares „Anfangsproblem", welches behandelt werden kann und auch soll.

Ich verteufle keineswegs Versicherungen, diese sind einfach teilweise notwendig. Dazu verweise ich dich aber gerne in das Kapitel dieses Buches, welches ich extra für die Versicherungen und dem ganzem drumherum erstellt habe (in der eBook Version habe ich dir den Weg verlinkt, bei dem Taschenbuch musst du nun blättern).

Aber nun zurück zu meinem Blatt Papier. Ich habe also aufgeschrieben, was ich im Jahr für die Versicherung zahle und direkt darunter, was ich theoretisch monatlich dafür aufbringen muss. Die KFZ Versicherung war immer am 01. Januar fällig und hat mich jedes Mal aus den Socken gehauen.

Nie, aber auch wirklich nie, war das Geld dafür da. Und dass, obwohl ich ja grundsätzlich wusste, dass ich es brauchen werde. Hier komme ich wieder auf das parkinsonsche Gesetz zurück. Geld, welches da ist, wird auch alle (Punkt). Und ganz ehrlich, Hand aufs Herz, 99% von uns allen geht es genauso.

Das, was die Versicherung monatlich gekostet hätte, wenn ich sie monatlich gezahlt hätte, habe ich auf ein zweites Konto überwiesen und es dann nach 12 Monaten zurück auf das Hauptkonto transferiert. Dieses Prozedere habe ich dann für fast alle Kosten gemacht, welche nicht monatlich anfallen. Ich wollte ja den Vorschlag meines Lehrers adaptieren.

Die monatlich angesammelten Beträge habe ich dann direkt zum Zahltag auf das Hauptkonto gebucht. Für jede auch noch so kleine Abbuchung habe ich also 2 Daueraufträge eingerichtet, nämlich einen, um das Geld monatlich zu sammeln und einen um einmal im Jahr (oder wann es auch fällig ist) das Geld wieder zurück zu buchen. Soweit

Das Mindset

zum Plan. Natürlich (!) kam immer etwas dazwischen, dass ich mich gezwungen fühlte Geld von dem zweiten Sammlerkonto abzuziehen.

Das ging eine ganze Zeit so weiter. In mir wuchs immer der Gedanke, dass es doch auch einfacher gehen muss. Wie weiß ich auch nicht. Aber es muss. Auf Dauer wird das sicherlich zu umständlich. Trotzdem habe ich es beibehalten, und das sogar eine ganze Weile. Von der Blattmethode bin ich zu Excel gekommen (allein wegen der Übersicht mehr als sinnvoll).

Einige Formeln habe ich mir durch ausprobieren selbst beigebracht und vieles im Laufe der Zeit schlicht und einfach optimiert. Die Kerntabelle nutze ich immer noch. Das ganze Grundgerüst ist annähernd das Gleiche, nur ist sie dauerhaft optimiert und weiter auf mich zugeschnitten wurde im Laufe der Jahre. Mittlerweile ist die Tabelle auf unzählige Blätter angewachsen. Sowas kann mir kein Programm oder eine App abbilden.

Eine Entwicklung durchzumachen war für mich, im Nachhinein betrachtet, ganz einfach Gold wert. Ich könnte niemals dieses Buch schreiben, wenn ich nicht regelmäßig auf die Schnauze gefallen wäre. Dieser Reifeprozess lässt einen wachsen. Die Verwaltung des Geldes nahm quasi immer mehr Form an und wurde an vielen Stellschrauben ständig optimiert.

Was will ich dir damit sagen? Ich habe in meiner Entwicklung, die ich ohne Zweifel durchgemacht habe, viel erlebt. Ich habe meine Frau geheiratet und wir haben zwei wundervolle Mädchen bekommen. Dazwischen haben wir auch noch ein Haus gebaut.

Natürlich geschehen ab und zu im Leben Ereignisse, die gar nicht oder auch sehr schlecht zu planen sind. Unsere Kinder waren beide geplant, dennoch muss zum Beispiel der Vermögensaufbau ganz anders geplant und umgesetzt werden, wie bei einem kinderlosen Paar oder gar einem Single.

Es dauert nicht lange, bis schließlich der Kindergarten das erste Mal ruft, dass er Geld möchte. Der nächste Kostenfaktor trifft einen mitten ins Gesicht. Natürlich muss dieser auch bezalt werden, und das soll er auch. Es ist weder schlimm, noch wirft einen das aus der Bahn. Nur muss jeder in dieser Situation aber anders planen (Punkt).

Ich möchte dir mit diesem Buch ganz einfach zeigen, dass es auch anders geht. Einfacher. Geldverwaltung ist nicht kompliziert. Das ist sie nur, wenn man sie kompliziert macht. Natürlich verdiene ich mit diesem Buch auch etwas Geld. Umsonst würde es sicherlich keiner machen, soviel ist klar.

Mein Hauptbestreben ist primär dir zu helfen. Dir zu helfen, dich zu organisieren, deine Kohle in Ordnung zu bringen und dich persönlich weiter zu bringen. Ich habe dir meine Geschichte erzählt. Sicherlich habe ich einiges ausgelassen, doch ich denke es reicht, um dir zu zeigen, dass ich einen Lernprozess durchgemacht habe.

Und genau dieser Lernprozess ist es, welchen ich dir Schritt für Schritt zeigen möchte. Sowas hätte ich mir gewünscht zu meiner Anfangszeit.

Das Mindset

Das hätte vieles einfacher gemacht. Trotzdem hätte ich dann wiederum nicht dieses Buch schreiben können.

Alles hat irgendwo einen Sinn und ich habe den Sinn darin gefunden Wissen zu vermitteln. Was kann es Schöneres geben wie anderen Menschen zu helfen. In der heutigen Zeit wird gerne das Wort „Mehrwert" genannt. Im Prinzip ist es auch genau das.

Es würde für mich absolut keinen Sinn machen dir mit diesem Buch etwas in die Hand zu geben, was du mir nach dem lesen an den Kopf wirfst, weil es einfach scheiße ist. Es bringt mir nichts, absolut gar nichts. Im Gegenteil, es wirkt sich auch auf meine Glaubhaftigkeit und meine Authentizität aus.

Nun beende ich dieses Kapitel und wünsche dir viele großartige Erfolge bei der finanziellen Reise und deinem persönlichem Wachstumsprozess. Es ist noch kein Meister vom Himmel gefallen, aber jeder hat auch einmal angefangen. Viel Spaß beim Lesen dieses Buches.

Vom Pleitegeier zum Adler

Ein Haushaltsbuch führen

Um dir den absoluten Überblick zu verschaffen ist es fast schon unabdingbar ein Haushaltsbuch zu führen. Du stellst hiermit deinen kompletten Geldfluss dar und kannst sehen, was mit dem Geld passiert.

Das Problem ist im Prinzip nie wirklich das Haushaltsbuch an sich, sondern viel mehr die fehlende Motivation. Anfangs ist jeder von uns für eine neue Sache Feuer und Flamme. Eine neue Routine wird eingeführt und täglich wird daran gearbeitet. Wir wachen morgens schon auf mit dem Gedanken an die neue Routine und können es gar nicht abwarten endlich wieder ins Handeln zu kommen.

Mit der Zeit flacht das Verlangen aber unwillkürlich ab. Das geht so ziemlich jedem so. Nach der Anfangsmotivation sollte nun die Disziplin folgen. Nur wenn ausreichend Disziplin vorhanden ist und du es wirklich willst, wirst du auch die neue Routine weiterverfolgen. In diesem Fall ist es dein Haushaltsbuch.

Das Mindset

Was ist denn nun ein Haushaltsbuch?

Viele sehen bei dem Begriff Haushaltsbuch tatsächlich ein Buch vor ihren Augen, welches sie dann stundenlang mit Zahlen füttern und alles aufschreiben, ähnlich einem Tagebuch. Das ist natürlich nicht so! Ein Haushaltsbuch zu führen ist nicht wirklich schwer und geht relativ einfach von der Hand. Du musst dir kein leeres weißes Blatt Papier nehmen und dich abends hinsetzen, um alles einzutragen.

Der Hauptfokus liegt auf dem Überblick deiner finanziellen Situation. Sehr gut eignet sich eine Excel Tabelle zur Erfassung deiner Daten. Prinzipiell kannst du aber auch tatsächlich vorerst ein leeres Blatt Papier nehmen. Das Hauptziel ist aber langfristig die Daten digital zu führen und zu pflegen. Warum genau werde ich dir später noch genau zeigen.

Du schreibst ganz am Anfang einfach erstmal alles auf, was Kosten verursacht. Damit meine ich auch alles. Miete, Zeitungsabos, Spotify, Netflix, Handyvertrag, Telefonanschluss, Strom, Gas, Versicherungen, Fitnessstudio etc. pp. Diese Liste ist bei jedem logischerweise etwas anders.

Du nimmst dazu die Kontoauszüge der letzten 12 Monate zur Hand und suchst ganz einfach nur nach Abbuchungen. Ein ganzes Jahr reicht völlig aus, da du so sicher gehen kannst wirklich alles zu erwischen. Vieles kann man zwar monatlich zahlen, muss es aber nicht zwingend.

Auf die Nachteile monatlicher Zahlweise werde ich noch genauer eingehen.

Hier musst du sehr gewissenhaft sein. Es bringt nämlich überhaupt nichts, wenn du dich selbst verarscht und dir manches schön rechnest. Das sieht dann auf den ersten Blick besser aus, wird dir aber langfristig nicht wirklich weiterhelfen. Im Gegenteil. Für die Budgetplanung musst du die genauen Kosten ganz einfach wissen. Es baut alles aufeinander auf.

Viele erschrecken sich anfangs etwas, wenn sie die Menge an Kostenpunkten vor Augen haben, nachdem sie aufgeschrieben wurden. Mir ging es da nicht wirklich anders. Doch nun zurück zu der Tabelle. Du hast nun alle Kosten untereinander aufgeschrieben. Du kannst jetzt diese Kosten in Kategorien einteilen. In diesem Schritt musst du das nicht zwingend machen, es erleichtert jedoch ein wenig die Übersicht.

Jetzt kommen die Beträge dazu. Dazu versiehst du deine Tabelle mit 3 weiteren Spalten, nämlich „monatlich", „quartalsweise" und „jährlich". Nachdem du alles eingetragen hast, füllt sich die Übersicht langsam, aber sicher. Die Spalte „monatlich sollte direkt neben den Ausgaben stehen.

In die Zeile „monatlich" fügst du nun eine Formel ein. Nämlich die, womit du alles herunterrechnest auf den Monat. Da das Buch hier kein Excel Kurs ist, und auch nicht werden soll, möchte ich auf Formeln nicht allzu sehr eingehen. Bitte informiere dich dazu, falls du nicht

Das Mindset

weißt wie es geht, bei Herrn Google oder auch auf YouTube. Hier findest du immer Fallbeispiele.

Zurück zu deiner Auflistung. Der springende Punkt ist ganz einfach, dass du alles auf deine monatlichen Kosten herunterbrichst. Beispielsweise eine Versicherung, die jährlich gezahlt wird, kostet dich keine 600 €, sondern 50 € monatlich. Du schaffst dir nun den absoluten Überblick über deine Ausgaben.

Wenn du im ersten Schritt ehrlich zu dir selbst warst, schließt sich der Kreis nun langsam, aber sicher. Ich persönlich denke, dass genau dieser Schritt der Wichtigste überhaupt ist. Jeder sollte auf den Cent genau seine Ausgaben kennen.

Deine Fixkosten sind dir nun bekannt. Daran lässt sich nichts mehr rütteln. Fix heißt fest. Du kannst jeden Posten als eine Art Stellschraube betrachten, woran du arbeiten und welche du optimieren kannst. Diese Optimierungen werde ich dir an anderer Stelle detailliert aufzeigen. Wenn du nun bis hier durchgehalten hast, Glückwunsch. Denn nun ist der Bärenanteil geschafft.

TEIL 2 – DAS GELD KOMMT

Einkommen und Geldeingänge

Bevor ich überhaupt Geld ausgeben kann, muss ich natürlich auch erst einmal etwas Geld dazu haben. Klingt logisch, ist auch so. Der Großteil von uns Deutschen ist ganz einfach nur gefangen in den eigenen Gedanken.

Es herrscht der Gedanke, dass Geld verdienen an sich grundsätzlich mit einem Job zusammenhängt. Du stehst morgens auf und schleppst dich übermüdet zur Maloche. Dazu kommt dann auch noch die Tatsache, dass 95% von uns allen die eigene Arbeit ganz einfach zum kotzen finden.

Du hast es aber selbst in der Hand daran etwas zu ändern. Niemand zwingt dich dahin zu gehen und niemand zwingt dich genau das zu machen, was du machst. Auch unsere Rechnungen zwingen uns nicht. Es ist generell der Lifestyle und die Gewohnheiten, welche uns zwingen, einen gewissen Gehalts - und Lebensstatus aufrecht zu erhalten.

Wir leben in einem Land, in dem wirklich keiner hinten runterfällt. Warum gehen wir 40 Jahre einer Arbeit nach, die scheiße ist? Das Leben besteht nur aus 2 Tagen, die wir für 5 Tage Arbeit eintauschen. Du kannst immer die ganz großartigen Bildchen auf Facebook oder

Instagram sehen, wo der Montag verflucht wird und der Freitag in den Himmel gehoben wird.

Totaler Bullshit. Was hindert mich, dich, uns daran eine Arbeit zu suchen, die wir einfach geil finden? Prinzipiell ist etwas, was man gerne macht auch gar nicht als Arbeit anzusehen. Wenn man das liebt, was man tut, ist es einfach nicht als Arbeit anzusehen.

Trotz allem musst und sollst du natürlich nicht sofort deinen Job an den Nagel hängen und von Luft und Liebe leben. Es macht deutlich mehr Sinn, sich nebenbei einfach weitere Einkommensströme aufzubauen.

Ich für meinen Teil habe eine wirklich gut bezahlte Arbeit in einem TecDax Unternehmen. Die Rahmenbedingungen des Arbeitgebers sind klasse. Trotzdem ist es nicht meine Erfüllung und wird mir dauerhaft keine Befriedigung bringen. Geld ist nicht alles wird immer wieder gesagt und in gewisser Weise stimmt das auch.

Ich arbeite in einem Mehrschicht System und muss unter anderem auch an Wochenenden los. Wenn Feiern anstehen kann ich getrost meinen Standartsatz anwenden: Ich habe Spätschicht. Als Schichtarbeiter hat man dazu auch generell auf kurz oder lang immer mit Schlafproblemen zu kämpfen.

Der Körper bekommt das absolut nicht auf die Kette, wenn er eine Nacht durchmachen muss und dann 2 Tage später wieder um 4:30 mit Wecker aufstehen muss. Der körperliche Verfall ist quasi ein schleichender Prozess. Es mag Menschen geben, denen diese Wechsel nicht sonderlich viel ausmachen. Ich gehöre da nicht zu. Definitiv nicht.

Es macht natürlich nicht wirklich Sinn die Arbeit und alles drum herum zu verteufeln bis zum Sankt Nimmerleinstag. Schließlich hast du dir deinen Job ja ausgesucht. Ob du dich drum gerissen hast oder durch Zufall reingerutscht bist, spielt erstmal überhaupt keine Rolle. Ich bin ursprünglich auch als Leiharbeiter in die Firma geschickt worden, wo ich nun schon lange arbeite.

Prinzipiell ist nichts dagegen einzuwenden, da Firmen sich in gewisser Weise ja auch absichern wollen. Ich wollte lediglich ein paar Monate dort arbeiten, um etwas Geld zu verdienen, denn ich wollte nach dem Fachabitur noch studieren. Wie es der Zufall so will, wurden genau zu der Zeit massig Mitarbeiter gesucht. Das Ende vom Lied war dann erst eine Befristung und schließlich ein fester Arbeitsvertrag nach 8 Monaten.

Es gibt schlimmeres, definitiv. Nur komme ich an den Punkt, wo ich mich und meine Persönlichkeit etwas mehr formen und auch fordern möchte. Die Motivation dahinter ist nicht immer das Geld. Es ist vielmehr ein netter Nebeneffekt, wenn auch etwas abfällt.

Ich möchte darauf hinaus, dass es zweifelslos für jeden möglich ist, ein Nebeneinkommen zu generieren. Nebenverdienst, Zusatzeinkommen, zweites Standbein. Wie auch immer du es nennen möchtest.

Du musst dazu keinen 450 € Job annehmen und Samstag abends Pizza ausfahren. Dagegen ist zwar auch nichts einzuwenden, doch es geht

Das Geld kommt

auch einfacher. Nachfolgend möchte ich dir zeigen, was ich mache, um mir weitere Einkommensströme aufzubauen. Ich schmücke es mit einigen Beispielen aus, um dir ein besseres Bild zu machen.

Nischenseiten

Diesen Begriff hast du sicherlich schon das eine oder andere Mal gehört. Es ist im Grunde sehr einfach erklärt. Du baust eine Webseite zu einem beliebigen Thema und füllst sie mit Inhalt. Das Thema der Seite sollte im Idealfall mit deinen Interessen übereinstimmen.

Diese Webseite erweiterst du im Laufe der Zeit immer wieder um einzelne Beiträge. Beispielsweise ist dein großes Hobby ein Aquarium im Wohnzimmer. Du hegst und pflegst es und gehst wirklich auf dabei. Du beginnst eine Nischenseite dazu aufzuziehen.

Dein Themenfeld ist schier unendlich. Du kannst nun über alles schreiben, was auch nur im Entferntesten mit einem Aquarium zu tun hat. Sei es Pflege. Sei es Reinigung. Sei es die Beschaffenheit des Wassers, Fischzucht und so weiter. Die Themen werden dir wahrscheinlich nie wirklich ausgehen.

In einzelnen Beiträgen kannst du nun auf diverse Produkte eingehen. Als Beispiel hast du ein Reinigungsmittel gefunden, welches ideal für die Scheiben ist. Du schreibst nun genau darüber einen Bericht wie man es benutzt, wie es wirkt. Im Prinzip genau die Informationen, welche du benötigen würdest, wenn du keine Ahnung davon hast aber genau das suchst.

Das Produkt selbst stattest du mit einem Partnerlink aus. Interessenten gelangen durch diesen Link zur Verkaufsseite des Verkäufers. Wenn nun das Produkt gekauft wird erhältst du eine kleine Provision, weil

Das Geld kommt

du derjenige warst, der den neuen Käufer gebracht hat. Das können zwischen 1% und 10% sein.

Das bekannteste und gleichzeitig größte Partnerprogramm gehört zum riesen Amazon. Nachdem der potenzielle Käufer nun auf einen meiner Links geklickt hat, identifiziert Amazon das und vergütet mir die Provision. Das Beste ist dabei aber, dass es noch nicht einmal zwingend genau das Produkt sein muss, was er kaufen muss.

Alles, was innerhalb eines Tages nach klicken des Links gekauft wird, zählt zur Provisionsrechnung bei. Kauft der Kunde neben Aquarium Glasreiniger auch noch neue Schuhe und eine Blue Ray klingelt ebenfalls meine Kasse. Deswegen kommt es neben der Klasse eben auch auf die Masse an.

Wie so oft im Leben musst du nicht zwingend wirkliches Interesse an deinem Nischenthema haben. Klingt etwas verrückt, trotzdem ist das ein Schritt in Richtung Skalierung. Ich selbst habe mehrere Nischenseiten, die ganz unterschiedliche Themen behandeln. Ich kenne mich nicht wirklich mit allem aus. Aber da wir im digitalen Zeitalter leben, gibt es viele Menschen, die sich eben genau mit einem Thema auskennen, über das ich schreiben möchte und eine Webseite erstelle.

Wenn du noch nie von der Thematik gehört hast, macht nun ein kleiner Exkurs Sinn. Aufgrund intensiver Recherche hat sich herausgestellt, dass das Thema Bärte bei Männern sehr viel Suchvolumen hat und somit profitabel ist. Mit diversen Tools, wie z.B.

dem Google Keyword Planner, kann ich herausfinden wie oft ein bestimmtes Suchwort oder eine Suchphrase bei Google eingeklimpert wird.

Das gesamte Prozedere zu erklären halte ich an dieser Stelle für unsinnig, denn es geht einzig um das Prinzip dahinter. Solltest du dich dafür interessieren kann ich dir einschlägige Literatur dazu empfehlen, welche du bei unter anderem bei Amazon findest. Ebenso ist YouTube eine großartige Anlaufstelle für solche Fragen.

Ich habe also nun das Thema Bärte bei Männern für mich herausgesucht und möchte zu diesem spezifischen Thema eine Webseite erstellen. In Wahrheit habe ich aber keine Ahnung davon, weil ich kein Bart habe oder nie einen hatte oder mir keiner wächst oder ich sogar eine Frau bin etc. pp.

Im Grunde muss ich nichts wissen. Es gibt immer Menschen, die mehr über etwas wissen, als man selbst. Und genau das mache ich mir zu Nutze. Ich nehme etwas Geld in die Hand und bezahle einen Experten, der mir die Texte schreibt zu meinem Thema. Diese muss ich dann nur noch in meine Webseite einfügen und fertig.

Personen, welche diese Texte schreiben, finde ich massig im Netz. Es gibt unzählige Portale für Texter, welche nur auf mich und meine Aufträge warten. Hier kann ich mich nach Herzenslust engagieren und Texte für mein Thema kaufen. Du erinnerst dich, dass es um Bärte ging?

Das Geld kommt

Bart ist ja nicht alles. Wie schneide ich ihn? Wie stutze ich ihn? Welches Shampoo? Die Themenauswahl ist riesig und dürfte nie ausgehen. Die Texte und Beiträge werden nun mit Produkten angereichert und verlinkt. Beispielsweise verlinkst du ein Shampoo, weil es ganz einfach gut ist.

Sobald der Leser deines Blogs auf den Link geklickt hat, wird dieser automatisch durch einen Code im Link identifiziert. Somit weiß Amazon bzw. auch jedes anderer Partnerprogramm, dass dieser Klick von meiner Seite kam. Nun werde ich prozentual beteiligt. Auch wenn ich mich an dieser Stelle wiederhole, das Prozedere sollte verstanden werden.

Genau hier triffst du das Wort Skalierung. Es macht nämlich nicht wirklich Sinn sich auf einen Link zu verlassen als Geldquelle. Vielmehr Sinn macht es mehrere Beiträge online zu haben, die mit meinen Links angereichert sind. Nun werden die Links mehr geklickt, da ganz einfach mehr da sind.

Von diesen Nischenseiten besitze und betreibe ich momentan 11 an der Zahl. Darunter befinden sich kleine und auch etwas Größere mit mehr Inhalt. Auch kostenlose Blogs habe ich im Petto.

Da ich die Webseiten nicht mehr aktiv betreibe, sind die Einnahmen aus diesen für mich absolut passiv. Und ich meine damit nicht etwas passiv oder fast oder einigermaßen. Nein, absolut passiv. Ich führe noch nicht mal mehr Aktualisierungen an den Plugins durch. Die

WordPress Software wird in regelmäßigen Abständen automatisch aktualisiert.

Der Weg zum „passiven Einkommen" war aber ganz und gar nicht passiv. Ich habe mir eine Menge Wissen angeeignet. Sei es über YouTube Videos, Bücher oder auch Podcasts. Mit absolut nichts habe ich begonnen mich in die Materie einzuarbeiten. Und siehe da, es hat funktioniert.

Sicherlich könnte man die Einnahmen noch viel weiter nach oben skalieren, aber das steht für mich außer Frage. Nischenseiten sind eine hervorragende Möglichkeit Geld zu verdienen, doch es entspricht nicht meiner Passion bzw. es ist nicht das, was ich mein Leben lang machen möchte. Etwas Gutes hat es jedoch. Es ist ein weiterer Einkommensstrom generiert worden.

Im Anhang dieses Buches werde ich dir einige weiterführende Links bereitstellen, falls du die Absicht hast, dich weiter damit zu beschäftigen.

Das Geld kommt

Ein Buch schreiben

Wie gerade eben schon erwähnt sind Nischenseiten nicht wirklich meine Erfüllung. Nebenberuflich etwas aufbauen bedeutet auch immer sich auszuprobieren in vielerlei Hinsicht.

Schon während der Arbeit an den Nischenseiten habe ich mich sehr viel mit dem Schreiben an sich beschäftigt. Das war anfangs mehr eine Notwendigkeit aber mit der Zeit hat es sogar Spaß gemacht.

Irgendwann kam der Moment, wo ich mir überlegt habe ein Buch zu schreiben. Eventuell kennst du den momentanen Hype um Amazon Kindle und deren Taschenbücher im Self Publishing. Es gibt hier einige Kurse dazu auf dem deutschen Markt.

Am Anfang habe ich das aber nicht gehabt. Ich wusste noch nicht einmal, dass es für so etwas Kurse gibt. Über YouTube und Blogs habe ich mir das Prozedere und den Ablauf des Veröffentlichens quasi über einen relativ langen Zeitraum selbst beigebracht.

Der Wille ein Buch zu schreiben, auf dem mein Name steht, war absolut präsent und hat mich angetrieben. Wenn ich zurück blicke war die Organisation gar nicht wirklich so schlecht.

Angefangen hat alles mit einem Din A3 Blatt, auf welchem ich die Kapitel und die jeweiligen Themen in einer Mindmap visualisiert habe. Das musste nur noch abgearbeitet werden. So habe ich nach und nach die einzelnen Kapitel geschrieben.

Von Anfang an war klar, dass ich über das Thema Finanzen und Organisation schreiben werde, deswegen fiel es mir nicht sonderlich schwer. Natürlich auch mit dem Hintergrund, dass ich schon etwas Schreiberfahrung mit Blogartikeln hatte.

Zwei Bücher sind daraus entstanden. Diese findest du bei Amazon unter den Titeln „Schuldenfrei" und „Schulden abbauen". Vielleicht bist du einer derjenigen, die ein Buch als einen riesigen Wälzer verstehen. Ich tue das definitiv nicht. Deswegen sind meine Bücher als Ratgeber zu verstehen. Kurz und knapp.

Ich habe mich komplett den Ratgebern verschrieben und bin der Auffassung, dass ein Thema nicht unendlich in die Länge gezogen werden muss, sondern durchaus minimiert werden soll auf die Kernaussagen.

Neben den Nischenseiten und dem passiven Einkommen daraus generieren meine Bücher logischerweise auch Einnahmen. Natürlich schaffe ich einen Mehrwert und das bringt mir im Endeffekt auch einen Profit.

Hierbei handelt es sich, ähnlich wie bei Webseiten, um (fast) passives Einkommen. Das Buch, wie auch dieses hier, schreibe ich einmal, oder anderes gesagt ich produziere es. Denn neben dem schreiben, lese ich es Korrektur, lasse ein Cover erstellen, schreibe eine Produktbeschreibung und eine Verkaufsseite.

Nach vollendeter Arbeit ist das Buch nun fertig. Und nun fängt es an Geld für mich zu verdienen. Ich kann es einmal verkaufen. Ich kann

Das Geld kommt

es aber auch tausendmal verkaufen. Der Aufwand bleibt der Gleiche, nämlich null. Ich habe es ja schon fertig erstellt.

Hier fängt es dann an Spaß zu machen. Tantiemen aus Büchern sind eine hervorragend einfache Quelle (fast) passives Einkommen. Ich sage immer fast, weil nie etwas völlig passiv ist. Ein wenig Restaufwand ist immer vorhanden.

Es gibt keine pauschale Aussage über die Verdienstmöglichkeit bei eBooks beziehungsweise generell bei Büchern. Ich bin der Auffassung, dass es auch völlig egal ist. Jeder Euro aus Tantiemen ist ein Zusatzverdienst und die direkte Wertschätzung der eigenen Arbeit.

Wie schreibe ich überhaupt ein Buch?

Nun möchte ich an dieser Stelle erstmals etwas in die Praxis übergehen. Generell kann eigentlich jeder ein Buch schreiben. In Wahrheit ist es auch nicht wirklich schwer. Du musst nur eine Idee haben und diese zu Papier bringen. Klasse, danke. Toller Tipp.

Im Ratgeberbereich kannst du dich jedoch wunderbar konditionieren mit Routinen. Ich möchte an dieser Stelle ausführlich mit dir teilen, wie ich ein Buch schreibe und damit einen Einkommensstrom generiere.

Ich starte immer mit einer Mindmap. Dazu eignet sich wunderbar ein Din A3 Blatt. Das hat genau die richtige Größe. In die Mitte schreibe ich das Thema. Nun nehme ich mir ein zweites Blatt zur Hand, das kann ruhig die kleinere A4 Version sein, und schreibe hier alles auf was mir zu dem Thema einfällt. Wirklich alles. Auch wenn es als noch so belanglos empfunden wird.

Jetzt schreibe ich rund um das Thema die Unterkapitel. Somit gliedere ich den Inhalt ganz einfach vor. Rund um die Unterkapitel schreibe ich nun wieder einzelne Themen, die spezifisch auf das Unterkapitel passen. Auf diese Weise erstelle ich mir einen Themenbaum.

Das hört sich jetzt natürlich etwas trivial an und sehr vereinfacht. Es dauert aber tatsächlich seine Zeit. Und die nehme ich mir immer reichlich. Denn alles, was jetzt bei der Planung passiert, also je mehr

Das Geld kommt

Zeit ich mir bei diesem Schritt nehme, desto besser und einfacher ist es nachher bei der Umsetzung und dem Schritt des Schreibens an sich.

Wenn das nun geschafft ist, geht es an die Umsetzung. Hier kommt meine Schreibroutine zum Tragen. Ich schreibe jeden Tag. Wirklich jeden Tag!! Ich war schon immer von Habits angetan. Habits sind Routinen, die man jeden Tag tut und irgendwann einfach nicht mehr darüber nachdenkt, weil man es quasi intuitiv tut und es somit zur Routine geworden ist.

Jeden Tag investiere ich mindestens 5 Minuten in meinen Traum eines Lebens als Autor und Schriftsteller. Das bedeutet nichts anderes als 5 Minuten pures schreiben. Dieses Buch ist zum Beispiel so entstanden. Jeden Tag habe ich mich hiermit beschäftigt.

Anfangs benötige ich etwa eine halbe Minute, um an das Thema und den letzten Gedankengang wieder anzuknüpfen. Dann folgt jedoch eine kreative Phase. Unter einem gewissen Zeitdruck entsteht eine Art Zugzwang und dem Drang nach Vollendung und Produktivität.

Vereinfacht gesagt möchte ich viel schreiben in kurzer Zeit mit hoher Qualität. Der Sinn davon ist einfach die Einrichtung dieser Routine und dem stetigen einhalten. Jeden Tag mache ich das so. Selbstverständlich ist das nicht allzu viel. 5 Minuten am Tag. Es entstehen ungefähr 70 Wörter in dieser Zeit.

Natürlich ist das mal mehr und mal weniger. Ich tracke das Ganze in einer Excel Tabelle und schreibe jeden Tag die geschriebene Anzahl der Wörter hinein. Das ergibt eine schöne Auswertung des

Durchschnitts. Auf diese Weise weiß ich, wie viele Wörter ich geschrieben habe.

Wahrscheinlich könnte ich durchaus mehr schreiben, nur hier kommt mein Schweinehund zum Vorschein. Bei 5 Minuten weiß ich zu 100%, dass ich das schaffe. Jeden Tag. Bei mehr wird es schon schwieriger für mich.

Also natürlich ist das nicht unmöglich. Trotzdem wäre es mit mehr Überwindung verbunden und ich kann es nicht einfach mal eben dazwischenschieben. So fokussiere ich mich auf diese kurze Zeit und schaffe trotzdem kontinuierlichen Mehrwert.

Ich habe mir dieses Prozedere einfach irgendwann angeeignet. Ich weiß gar nicht mehr genau wann. Wahrscheinlich nach dem Lesen eines Buches mit dem Thema Gewohnheiten und Arbeitsroutine.

Genau nach dem Prinzip verfahre ich auch mit meiner persönlichen Bildung. Ich lese jeden Tag, und zwar genau 5 Seiten. So beschäftige ich mich jeden Tag mit mir und meinem persönlichen Fortschritt. Auf manch eine schmunzelnde Bemerkung von Bekannten stelle ich meist die Frage wieviel sie denn letzte Woche oder letzten Monat für sich getan haben?

Mir ist durchaus bewusst, dass meine 70 Wörter am Tag keine reißerischen Aktivitäten sind und ich damit sämtliche Grenzen sprenge, doch nach einem Jahr schreibe ich so auch einen Ratgeber mit knapp 25000 Wörtern. Bei durchschnittlich 500 Wörtern pro Seite im Word Dokument, bewege ich mich bei 50 Seiten. Nur reiner Text

Das Geld kommt

natürlich. Hier rechne ich noch keine Überschrift und keinen Seitenumbruch mit.

Auf diese Weise baue ich mir ganz langsam weitere Einkommensströme auf, die mir mehr oder weniger passiv Einkommen in die Kasse spülen und mich so weiter unabhängiger machen.

Natürlich variieren die Tantiemen aus Büchern etwas, doch wirft erfahrungsgemäß ein solcher Ratgeber um die 100 € bis 150 € monatlich ab. Dieser Betrag ist gerechnet mit bereits abgeführten Steuern. Wohlgemerkt spreche ich hier ein eigenes Buch an und auch meine Steuersituation. Diese ist nicht wirklich auf deine Person übertragbar und soll lediglich als Anhaltspunkt zur Berechnung dienen.

Ich spreche also vom Gewinn. Lege ich diesen zu Grunde verdiene ich mit einem Buch nach einem Jahr 150 €. Nach zwei Jahren habe ich das nächste Buch fertig und verdiene wieder 150 € damit. Das erste Buch generiert aber weiterhin auch genau dieses Geld. Somit liege ich jetzt schon bei 300 € monatlich.

Ich lege mir also einen Grundstock an weiteren Einnahmen, die so gut wie passiv weiterlaufen. Das Buch habe ich ja bereits geschrieben, also muss ich hier keine Zeit mehr für aufbringen. Mit 3600 € jährlich kann ich mit meiner Familie schon einen richtig herrlichen Pauschalurlaub zusätzlich pro Jahr verbringen.

Möglichkeiten zum Geld ausgeben möchte ich jetzt nicht weiter ausführen. Es geht einzig und allein um das Verständnis dieses Einkommens. Es ist unabhängig von meiner Zeit und beschert beständig Einnahmen. Liege ich mit einer Grippe völlig fertig ein paar Tage im Bett, verdiene ich trotzdem pro Buch 5 € netto am Tag.

Und genau darum geht es. Um stetige Einnahmen. Nicht die eine Million auf dem Konto und stinkreich den neonorangen Lambo fahren. Es geht um stetige Einnahmen. Denn diese Einnahmen sind ganz einfach Lebenszeit.

Für die plakativen 150 € monatlich muss ich mein Humankapital nicht mehr verkaufen. Ich bin zeitlich in Vorkasse gegangen und werde nun ständig und stetig immer wieder bezahlt. Für mich ist genau das die Form von finanzieller Unabhängigkeit, die ich erreichen möchte.

Und wenn es einige Jahre dauert, und das wird es, dann ist das ganz einfach so. Innerhalb von 5 Jahren habe ich mir so ein nebenberufliches Einkommen aufgebaut, welches permanent Geld an mich ausschüttet. Und das mit 5 Minuten am Tag. Es kann so einfach sein.

Natürlich muss ich auch Ideen haben, was ich schreibe und vor allem worüber. Fakt ist, jeder kann etwas oder weiß etwas, was andere nicht wissen. Und dieses Wissen hat einen Wert. Ob du nun ein Buch schreibst, welches für 5 € verkauft wird oder eins für 10 € hängt nur vom geschafften Mehrwert ab.

Das Geld kommt

Es zählt nicht unbedingt wie viele Seiten ein Buch hat, sondern vielmehr ob der Leser etwas damit anfangen kann und seine Frage(n) unmissverständlich beantwortet werden.

TEIL 3 – WERTPAPIERE SIND NICHT UNSER FEIND

Das Aktienportfolio

Neben den Webseiten und dem Verdienst als Autor ist die Aktie mein Lieblingsthema, wenn es um stetige Einnahmen geht. Sie sind nicht nur ein großartiges Investmentvehikel, sondern mit etwas Struktur und dem strategischen Aufbau eines breit diversifizierten Portfolios baue ich mir einen stetig wachsenden Cashflow Strom auf.

Da du dieses Buch gekauft hast, gehe ich davon aus, dass du dich mit den Basics der Börse und eines Aktieninvestments auskennst. Ich möchte bewusst vermeiden, um den heißen Brei zu reden. Zum wirklich riesigen Thema Börse existieren ganze Bibliotheken. Von daher kann und will ich nicht auf alles zu diesem Thema eingehen.

Ich möchte lediglich erklären wie ich in Aktien investiere und warum ich das überhaupt mache. Letztlich ist eine Aktie ein kleines Stück eines Unternehmens. Kaufe ich eine Aktie bin ich Miteigentümer des ganzen Unternehmens.

In meinem direkten Umfeld bin ich so ziemlich der einzige, der überhaupt aktiv in Wertpapiere investiert. Zu hohes Risiko oder ganz einfach fehlendes Wissen sind die Hauptgründe von nicht Aktionären.

Ein hohes Risiko ist meiner Meinung nach nur ein Vorwand, um sich nicht weiter mit der Materie befassen zu müssen. Natürlich hat eine

Wertpapiere sind nicht unser Feind

Aktie ein gewisses Risiko. Natürlich besteht eine Chance, dass das gekaufte Unternehmen insolvent wird. Ich verfolge bei Aktien seit jeher das Prinzip des täglichen Gebrauchs.

Das beginnt unter der Dusche schon in dem ich auf das genutzte Haarshampoo sehen kann. Wir nutzen Head and Shoulders. Der Mutterkonzern ist Procter & Gamble und genau dieser ist es, der in der Aktienwelt zu den absoluten Dividendenkönigen gehören. Ein lupenreiner Aristokrat.

Vom Pleitegeier zum Adler

Was ist ein Dividendenaristokrat?

Ein Aktienunternehmen schüttet Überschüsse aus ihrem Gewinn als Dividende an die Aktionäre aus. Da historische Daten zu Allem vorhanden sind, wird ganz einfach geprüft wie lange zurück das Unternehmen Dividende ausgezahlt hat und ob sie stetig gesteigert wurde.

Ein Aristokrat erfüllt diese beiden Kriterien absolut. Seit mehr als 25 Jahren wird eine Dividende ausbezahlt und wird jedes Jahr kontinuierlich gesteigert. Dieses mache ich mir zu Nutze, um einen weiteren Strom des Geldeingangs aufzubauen.

Ich suche gezielt nach Unternehmen, die diesen Kriterien entsprechen. Natürlich mache ich mich nicht selbst die Mühe, sondern bewege mich auf einschlägigen Seiten und Portalen, die nur einzig und allein zu diesem Zweck existieren. Aktienauswertungen. Ich kann mich hier wunderbar allen Informationen bedienen und finde auf einen Blick sämtliche relevante Informationen.

Wertpapiere sind nicht unser Feind

Die Karriere eines Aktienkäufers

Im Laufe der Jahre habe ich als Aktieninvestor natürlich häufig Gespräche geführt über den Sinn und Unsinn von Aktien. Das Wort „natürlich" ist nun für die Leser interessant, welche diese Unterhaltungen mehr als genug kennen.

Erst vor einiger Zeit hat mich ein Kollege angesprochen, dass ich mich doch ganz gut mit Geld auskenne. Er erzählte mir, dass seine Bank, oder genauer gesagt sein Banker (ich liebe diesen Ausdruck) ihn gerne beraten würde bezüglich des Investierens seines Geldes. Für mich persönlich ist genau das immer wieder der Supergau. Denn eines kann sich jeder sicher sein. Ein Banker ist in allererster Linie ein Verkäufer. Hier steht nicht der Kunde im Mittelpunkt, sondern der Umsatz. Eine Bank ist ein gewinnorientiertes Unternehmen und kein Wohlfahrtsverein. Und genau so handelt auch der Banker. Mit einer kleinen Cola oder einem Käffchen gepaart mit leckeren Keksen „berät" einen der Banker sehr gerne, um letztlich einen wundervollen Bausparvertrag oder verdammt teure Fonds zu kaufen und/oder langfristig zu besparen. Hier wird meist gezielt genau das dem Kunden als persönlich am besten passend herausgesucht, was rein zufällig auch noch die meiste Provision generiert. Für wen? Natürlich für den Banker. Natürlich kann man nicht alle über einen Kamm scheren. Das dürfte klar sein. Dennoch solltest du dir genau diese Überlegung wieder ins Gedächtnis rufen, wenn die Bank sich als beratende Instanz letztlich um dein Geld kümmern möchte statt nur als Geldparkplatz zu dienen.

Nun aber zurück zu meinem Kollegen. Ohne wirklichen Lehrauftrag habe ich ihm in Kürze genau das versucht klar zu machen. Wir haben einige Zeit darüber geredet und er suggerierte immer wieder Verständnis und alles kam ihm logisch vor. Das Ende vom Lied war dann, dass er trotzdem alles über die Bank abgewickelt hat.

Ich persönlich finde es absolut ok. Jeder ist selbst für sich und seinen Umgang mit Geld verantwortlich. Oder? Ach nein, das ist ja jetzt die Bank. Wenn etwas schief geht, kann er immer noch die Bank verantwortlich machen. Diese wird sich im Nachhinein aber einen feuchten Kehricht um ein misslungenes Investment scheren. Eventuell nach einigen beschwichtigen Worten beim nächsten Treffen und bei wundervollen Keksen wird schon das nächste Investment angepriesen. Das ist natürlich etwas ganz anderes und viel sicherer als das jetzt gerade in den Sand Gesetzte. Und so geht es immer weiter. Da wundert es irgendwann keinen mehr, warum so viele keine Aktien wollen und sich nicht dafür interessieren.

Der Vorteil liegt dennoch auf der Hand. Aktien sollten die Grundlage für jede Altersvorsorge bilden. Das ist meine Meinung. Keine andere Anlageklasse ist so einfach und trotzdem so effizient. Ich kann sowohl mit Einzelaktien genug Streuung hervorzaubern aber auch mit Fonds, Indexfonds.

Wertpapiere sind nicht unser Feind

Was ist ein Indexfond?

Ein Indexfond ist im Grunde eine ganz simpel erklärte Sache. Anhand eines Beispiels möchte ich es dir nun erklären. Du kennst sicher die Firma Continental. Vielleicht hast du Reifen auf deinem Auto von dieser Firma etc.? Continental ist ein Aktienunternehmen und im DAX gelistet. Der Dax wiederum ist der Deutsche Aktienindex. Dieser umfasst die 30 größten und umsatzstärksten Unternehmen in Deutschland. Hier sind auch Firmen wie BMW z.B. vertreten.

Nehmen wir nun an du interessierst dich sehr stark für die Aktie der Firma Conti. Du kannst nun hergehen und dir diese Aktien kaufen. Du kannst dir aber auch einen DAX Indexfond kaufen. Nur um Missverständnisse auszuräumen: Ein Indexfond ist genau das Gleiche wie ein ETF. Wenn ich also Indexfond oder ETF sage, weißt du, dass es das Gleiche ist. Nun aber zurück zur Conti und dem ETF. Ein ETF bildet einfach den gesamten Index ab. Mit dem Kauf eines Anteils des DAX ETF kaufst du somit nicht ein einzelnes Unternehmen sondern gleich den ganzen Index mit den 30 Unternehmen, die vertreten sind. Somit diversifizierst du dein Investment und umgehst das Klumpenrisiko. Du bzw. dein investiertes Geld partizipiert jetzt am Wirtschaftswachstum in Deutschland. Das geht natürlich auch umgekehrt. Wenn alles Mist ist, rauscht dein ETF runter.

Im Grunde kann man einen ETF als durchschnittsorientiertes investieren betrachten. Du gehst immer mit dem Durchschnitt mit und hast keine überdurchschnittliche Rendite, sondern bewegst dich immer im Mittelfeld. Die langfristige Rendite liegt irgendwo im Bereich von 8%. Es ist mit Indexfonds also nicht möglich eine übermäßige Rendite zu erwirtschaften. Nicht umsonst werden Pantoffel Portfolios propagiert. Hier ist nichts anderes im Fokus wie investieren und liegen lassen. Das war es dann auch schon.

Wertpapiere sind nicht unser Feind

Was sind Einzelaktien?

Um das Verständnis etwas abzurunden musst du natürlich auch wissen, was denn Einzelaktien sind. Einzelaktien sind nichts anderes als ein Unternehmen. Wenn du eine Aktie kaufst, gehört dir ein winziges Stück der ganzen Firma.

Genauso simpel, wie es klingt, ist es auch. Ich komme manchmal in Erklärungsnot, wenn ich auf meine Börsenaktivität angesprochen werde. Viele verstehen nicht, was überhaupt eine Aktie ist. Doch genau das ist es. Eine Beteiligung an einem einzelnen Unternehmen. Kaufst du dir eine Aktie von BMW gehört dir ein winziger Teil des gesamten Unternehmens.

Viele sind der Meinung, dass man ja mit Aktien einen Totalverlust erleiden kann oder wahnsinnig viel Geld verlieren kann. Natürlich kannst du das. Es ist immer möglich, dass die Firma pleitegeht von derer du gerade eine Aktie erworben hat. An einem Beispiel möchte ich das gerne mal kurz erläutern, wie ich das ganze sehe.

Manchmal frage ich genau die Person, die mich anspricht auf Aktien (oder auch aus der Unterhaltung heraus) warum es denn immer grundsätzlich die riskante Variante sein muss. Meistens ernte ich verdutzte Blicke. Es muss nicht die riskante Option sein. Aktieninvestitionen dürfen für mich ruhig langweilig sein.

Einer meiner Werte, die ich immer wieder aufstocke, ist Mc Donalds. Hier juckt mich das sowas von überhaupt nicht, wie sich der Kurs entwickelt. Mehr noch, ich habe noch nie danach explizit geguckt. Weder beim Kauf, noch im Nachhinein. Es ist mir quasi egal. So etwas gehört für mich zu den „für immer Firmen". Es ist ganz einfach und leicht erklärt.

Ich kaufe diese Aktie und halte sie für immer und ewig. In Fachkreisen nennt man das buy and hold. Ich bin hier einzig und allein an der Dividende interessiert. Das ist das einzige, was für mich zählt. Denn so generiere ich einen weiteren Einkommensstrom. Und ich habe lieber viele Einkommensströme als nur einen oder zwei.

Auf diese Weise investiere ich grundsätzlich. Mc Donalds ist für mich da das Paradebeispiel. Kannst du dir eine Welt ohne Mc Donalds vorstellen? Wie würde es aussehen, wenn Mc Donalds pleitegehen würde? Geht das überhaupt? Das Unternehmen gehört zu den sogenannten Global Playern. Im Zusammenhang steht auch der Spruch „to big to fail".

Allein durch die Größe des Unternehmens ist es schier unmöglich ein solches Unternehmen aus den Angeln zu heben. Ein weiterer Marktriese ist Coca-Cola, welches auch ein Unternehmen ist, dass sehr konstant Dividenden zahlt. Diese Aktien kaufe ich auch und werde sie sogar einmal vererben.

Wertpapiere sind nicht unser Feind

Vorsorgen für die Rente

Ich kenne so ziemlich keinen, der nichts für die Rente und damit dem Leben nach der aktiven Arbeitsphase macht. Mit machen meine ich vorsorgen. Der Klassiker ist in meinem Bekanntenkreis eine Rentenversicherung. Und das machen sehr viele so. Sie sparen häppchenweise schön jeden Monat einen gewissen Betrag und fühlen sich dadurch einfach besser. Abgesichert.

Wenn du sie fragst was denn bespart wird, um die Rendite zu erwirtschaften, bekommst du bei 95% Antworten wie „Na, solche Fonds halt". Kaum einer weiß zudem, wie die Verrentung später einmal ganz genau funktioniert. Ob Einmalzahlung oder lebenslange Verrentung. Wird das Kapital aufgezerrt bis zu einem gewissen Datum? Welche Steuern sind zu zahlen bei diversen Auszahlungsmöglichkeiten.

All das sind Wissenslücken. Ich konfrontiere natürlich in einem normalen Gespräch darüber niemanden mit solchen Fragen. Mir liegt es auch absolut fern jemanden zu kritisieren in seinen Entscheidungen. Nur möchte ich einfach klarstellen, dass viele Menschen einfach Produkte kaufen, sie besparen und ewig halten, obwohl sie das Produkt an sich und den genauen Vorgang gar nicht verstehen. Einzig und allein der Gedanke „Ich sorge vor" zählt.

Ich persönlich würde nicht mal im Traum daran denken jeden Monat 100 € und mehr in eine Versicherung zu zahlen, wenn ich nicht zu

Vom Pleitegeier zum Adler

110% verstehe in was ich da genau mein Geld werfe. Warum sollte ich so etwas machen? 100€ in 40 Jahren sind mal eben 48.000 €. Da möchte ich doch auch verstehen, was mein Geld macht und wozu es verwendet wird.

Das generell traurige ist einfach, dass der Großteil aller Berater in erster Linie nur an sich selbst denken. Das Produkt mit der höchsten Provision wird vermittelt. Ob das im Endeffekt zum Kunden passt ist nebensächlich. Natürlich kann man nicht alle Berater über einen Kamm scheren. Es gibt sicherlich auch Ausnahmen. Bislang habe ich diese jedoch noch nicht erlebt. Ich für meinen Teil habe durch diverse Finanzblogs wie Reich mit Plan oder Mr Money Mustache die Erleuchtung gehabt. Es geht um mein Geld. Mein eigenes verdientes Geld. Und um mein Geld zu verwalten, es zu vermehren, damit zu planen brauche ich niemanden. Außer mich!

Wertpapiere sind nicht unser Feind

Aktien als Rentenversicherung

Ich habe es mir angewöhnt generell viele kleine Rentenversicherungen abzuschließen. Immer wieder neue. Das klingt nach dem letzten Kapitel wahrscheinlich äußerst paradox. Ich schließe tatsächlich keine Rentenversicherungen ab, sondern betitele sie nur so für mich selbst. Jede Rentenversicherung ist ein Sparplan einer Einzelaktie bzw. eines ETF´s in Höhe von 25€.

Anhand meines Kontensystems wird ein Betrag für die Finanzielle Freiheit vorgesehen. Für mein Verständnis ist es auch genau das. Jeder Euro, welcher investiert ist, hilft mir mich unabhängiger zu machen.

Aus diesen 25€ monatlich generiere ich einen passiven Geldstrom in Form von Dividenden. Es ist also sinnbildlich ein zusätzliches Gehalt. Der Sparplan wird nach dem aufsetzen nie wieder gestoppt, sondern läuft bis ich ausschließlich von den Erträgen lebe oder in Rente bin oder nicht mehr arbeiten will etc. pp.

Im Laufe der Zeit erhöht sich das Einnahmenniveau. Dadurch erhöht sich zwangsläufig auch der Betrag zur finanziellen Freiheit. Die Marke der nächsten 25€ insgesamt wird überschritten, was dann wiederum bedeutet es kann die nächste Aktie bespart werden. Somit generiere ich den nächsten Einkommensstrom.

Auf diese Weise geht es dann immer weiter. Langsam und stetig, nicht mit der Brechstange. So baue ich mir meine eigene kleine

Vom Pleitegeier zum Adler

Rentenversicherung und somit die Absicherung für das Alter. Ich bin auf keinen angewiesen, sondern verwalte alles selbst.

Die abgeworfenen Erträge, die Dividenden, investiere ich grundsätzlich wieder in neue Werte. Sobald die Erträge insgesamt bei 25€ liegen, eröffne ich eine weitere Rentenversicherung :D. Natürlich kaufe ich nicht einfach nur Aktien, sondern, wie bereits erwähnt, Dividendenaristokraten. Langfristig agierende riesige Unternehmen.

Kinder und Aktien

Es ist relativ normal, dass wir Eltern etwas für unsere Lütten sparen. Das altbewährte Sparbuch ist immer noch hoch im Kurs. Diese Art der Geldverbrennung ist nicht mein Style. Aus diesem Grund haben auch meine beiden Mädels ein Aktiendepot.

Hier besparen wir in gleichmäßigen Abständen den MSCI World Index in Form eines ETF Sparplans. Dieser hat eine historische Rendite irgendwo im Bereich von 8% pro Jahr und läuft quasi allein ohne unser Zutun.

Als Ausschüttungsvariante haben wir "ausschüttend" gewählt. Natürlich könnte man auch thesaurierend investieren aber mich interessiert nur Cashflow. Meine Kinder werden es uns danken.

Vom Pleitegeier zum Adler

Cashflow für Kinder

Üblich sind Sparraten von 50€ für Kinder, die von den Eltern "eingezahlt" werden. Ungefähr kommt das bei unseren auch hin. Ganz vereinfacht sind das in 18 Jahren 10800€ nur Einzahlungen. Innerhalb der Zeit sammeln wir die Zinsen und kommen auf einen Gesamtbetrag von ungefähr 19000 EUR bei angenommenen 6% Rendite pro Jahr (mit Ausschüttungen und Kursgewinnen).

Diese 19000 würden die beiden gar nicht nutzen, sondern nur den Cashflow davon. Dieser ist sinnbildlich 4% und ergibt knapp 65€ pro Monat. Sie "verdienen" nun 65€ pro Monat und müssen dafür nie arbeiten.

Das klingt nach nicht so viel? Naja, dann rechne es hoch auf 100€ oder das komplette Kindergeld.

Wertpapiere sind nicht unser Feind

Auch Kinder bekommen Rente

Lustigerweise müssten unsere beiden Mädels auch keine eigene Altersvorsorge betreiben. Die sinnbildlichen 50€ stoppe ich am 18. Geburtstag. Es läuft dann kein Geld mehr von uns hinein. Wenn die beiden nun ihre Aktiendepots für immer liegen lassen, müssen sie sich nicht um das Alter kümmern.

19000 € sind das Vermögen und diese werden im Fond zu 6% Rendite verzinst. Mehr passiert da gar nicht. Bis sie 60 sind, verzinst sich das Geld bis zu einer Höhe von knapp 220.000 EUR. Nun rechne ich wieder mit 4% Cashflow. Da landen wir monatlich 733€. Das ist ihre Zusatzrente, ihr passives Einkommen, ihre Rente (wie auch immer man es nennen will).

Mit 50€ im Monat von uns, insgesamt 10.800 € Kapital, können wir eine Rente generieren, die Rentenversicherungen weit überragen. Zinseszins kann so einfach sein. Selbst, wenn die beiden den Cashflow verkonsumieren möchten, können sie das machen. Das Ziel ist, einmal investiertes Geld nie wieder herauszunehmen. Das Geld wird unser Sklave und arbeitet für die kleinen.

TEIL 4 – BILDUNG MIT ALLEN FACETTEN

Das finanzielle Mindset stärken und ausbauen

Leben bedeutet Wachstum. Was passiert mit einem Baum, der nicht mehr wächst? Er stirbt. Diese Metapher kann man wunderbar auf das Leben projizieren.

Immer wieder stößt man mit dem eigenen Verständnis für gewisse Dinge und auch mit seiner eigenen Persönlichkeit an Grenzen. Es gibt sehr viele Menschen, die an diesen Grenzen den ultimativen Spruch parat haben wie "das ist nichts für mich" oder "meine Stärke liegen woanders" oder anderer Nonsens.

Jeder kann etwas ändern. Und ein schickes Buch zu lesen ist gleichzeitig Unterhaltung und lernen. Ein tolles Sachbuch zu lesen bedeutet nicht zwingend trockene Theorie, sondern es darf auch ruhig unterhaltsam sein.

Bildung mit allen Facetten

Was bringt es mir zu lesen?

Ich habe schon früher in meiner Jugend gerne gelesen. Hier waren es sehr oft die Fünf Freunde Bücher und teilweise etwas später der Altmeister Stephen King. Das Interesse am Lesen ebbte mit der Zeit stark ab, was wohl etwas auf die Pubertät zurück zu führen ist. Im Laufe der letzten Jahre habe ich mich immer mehr entwickelt. Meine persönlichen Interessen haben sich sehr stark geändert. Als meine Frau mir vor ein paar Jahren den dicken Schinken Kriegsklingen zu Weihnachten geschenkt hat, ging meine Lese-Karriere im Prinzip so richtig los.

Der Schinken hat sehr lange gebraucht, bis er letztlich durchgelesen war. Der zweite und dritte Teil folgten dann in Rekordzeit. Noch während des dritten Teils kaufte ich einen eBook Reader und den dritten Teil nochmal als eBook Version. Finanziell gesehen keine Glanzleistung aber dennoch die beste Entscheidung. Seit dieser Zeit lese ich. Und das nicht wenig. Es hat mich im Laufe der Zeit sehr weit gebracht. Das kann ich uneingeschränkt behaupten. Ich lese vor allem Fach und Sachbücher zu den Themen, welche im Moment für mich interessant sind. Belletristik lese ich so gut wie gar nicht mehr. Zur Unterhaltung kann ich auch den Fernseher anmachen...

Vom Pleitegeier zum Adler

Ist Lesen ein teures Hobby?

Unter Umständen kann man schon den einen oder anderen Euro investieren in seine Bücher. Bewusst nutze ich das Verb "investieren", weil es das auch ist. Es ist eine Investition in das eigene Wissen. Ok, zugegeben gibt es echt richtig schlechte und miese Bücher. Diese nehme ich aber mal außen vor, da man sich ja meist vorher etwas mit dem Stoff auseinandersetzt, den man sich dann stundenweise auf dem Sofa reinzieht.

Eine richtig großartige Alternative zu gedruckten Büchern ist das Kindle Unlimited Programm. Für keine 10 € kann man sich hier austoben. Es ist nicht grundsätzlich jedes Buch für das Programm angemeldet aber eine sehr hohe Prozentzahl. Hier findet man immer etwas zu lesen.

Bildung mit allen Facetten

Wieviel lese ich?

Ich lese gerne und viel. Zwar bin ich jetzt kein übertriebener Vielleser, aber heruntergebrochen versuche ich schon jeden Tag zu lesen. Ich gebe mir keine persönliche Benchmark vor, nur die Kontinuität. Die Menge kommt von ganz allein, wenn man ein tolles Buch liest.

Vor einiger Zeit habe ich einmal einen Bericht gelesen, wie weit man es bringen kann, wenn man nur 10 Minuten am Tag lesen würde. Ganz grob geschätzt sind das vielleicht 10 Seiten. Das würde in einem Monat bereits ein 300 seitiges Buch bedeuten. Bitte denk in Zukunft über dein Leseverhalten nach und installiere diese Gewohnheit in deinen Alltag. Lesen kann dich unendlich weit bringen. Du musst nur anfangen und dauerhaft dabeibleiben.

TEIL 5 – DAS KONTEN SYSTEM

Stark, dass du bis hier gelesen hast. Die Vorgeschichte ist meines Erachtens mindestens genauso wichtig, wie die Kernaussage eines Fachbuches selbst. Ich möchte ja schließlich wissen, warum gerade der Typ mir erklären will, wie ich mit Geld umgehe etc. Ich möchte nun praxisorientiert Vollgas geben. Ich werde jetzt zeigen, wie ich spare und wobei ich spare.

Bevor ich dir erzähle, wie ich meine Kostenfresser identifiziert und eliminiert habe, möchte ich dich an mein Kontensystem heranführen. Dieses System nutze ich mittlerweile seit einer gefühlten Ewigkeit. Durch diverse Blogs kam ich mit dem Thema überhaupt erst in Berührung. Immer wieder habe ich davon gehört. Um reich und vermögend zu werden, ohne wirklich kompliziert zu sein, musst du ein Konten System nutzen.

Die Rede ist von Geldaufteilung. Was ist das jetzt wieder? Solltest du dich noch nie mit dem Thema Geld befasst haben, klingt das etwas unklar. Jeder von uns bekommt irgendwie Geld rein. Sei es durch monatliche Zahlungen eines Arbeitgebers oder bei Unternehmern durch Kunden und abgeschlossenen Aufträgen. Dieses Geld wird nach einer vorher definierten Matrix aufgeteilt. Prozente der Aufteilung werden festgelegt und das Geld wird stur nach System aufgeteilt.

Das Konten System

Erster Kontakt mit einem System

Durch meinen exorbitanten Konsum diverser Finanzblogs war ich immer wieder begeistert, wie manche Menschen es schaffen wahnsinnig viel vom Gehalt zu sparen. Die Sparquote ist dabei eine ganz wichtige Kennzahl für sehr viele.

Prinzipiell muss gespart werden. Darüber sollten wir uns alle (!) im Klaren sein. Als ich anfing sogar Bücher zum Thema Finanzen zu lesen, fiel mir das Buch von T. Harv Eker in die Hand. Hier propagiert er ein System, welches heute immer noch die Grundlage meiner Geldverwaltung ist.

Wenn du von einem Angestelltengehalt ausgehst (also einmal kommt das Geld im Monat), teilst du es auf.

- 50% sind für den täglichen Konsum gedacht. Du musst einkaufen und etwas essen. Dazu hast du eine Miete oder einen Immobilienabtrag etc.
- 10% sind für die Rücklagen bestimmt. Irgendwas geht zwingend einmal kaputt.
- 10% für langfristige Ziele und Wünsche.
- 10% für die die persönliche Bildung. Hierunter fallen Bücher, Seminare etc.
- 10% für den Spaß. Dieser sollte nicht auf der Strecke bleiben
- 10% ist vorgesehen zum Spenden an wohltätige Zwecke

Prinzipiell fand ich diese Aufteilung damals schon einfach nur richtig gut. Zum ersten Mal las ich etwas, was mich ansprach in Bezug auf Geld. Lange dachte ich darüber sehr intensiv nach. Habe mir das für und wider, die Logik, die Kategorien im Kopf vorgestellt und war begeistert.

Der Knackpunkt an der gesamten Sache war nur eins: Meine Frau und ich hatten mittlerweile 2 Kinder und ein Haus haben wir auch gebaut. Meine Frau arbeitete zu dem Zeitpunkt noch nicht wieder. Das sind alles Punkte, welche die aufgezeigten 50% für den Konsum für mich unmöglich machten.

Da ich sehr gut Excel bedienen kann und mit Freude ganz großartig aussehende Tabellen bastle, habe ich mir vorgenommen dieses System zu adaptieren und auf meine Bedürfnisse einzustellen. Unsere Ausgaben beliefen sich auf ganz schlanke 92% der gesamten Einnahmen. Hierbei habe ich an keine einzige Rücklage gedacht und noch nichts gespart.

Ich fand es nach unserem Hausbau enorm wichtig viel zu tilgen. Und genau das hat uns absolut unflexibel gemacht. Was bringt es dir 4% zu tilgen, wenn du nicht mal eine Waschmaschine ersetzen kannst, wenn diese den Geist aufgibt. Blödsinn. Absoluter Blödsinn. Diese Erkenntnis kommt aber meistens zu spät.

Aber nun zurück zu der Aufteilung. Da wir einen fest definierten Haushaltsbetrag haben, kann ich damit tatsächlich einwandfrei arbeiten. Ganz einfach, weil alles bekannt ist. Diese feste Größe ist

Das Konten System

mitunter das Wichtigste an deiner Finanzplanung überhaupt. Jedenfalls anfangs.

Da ich das Konten System unbedingt einsetzen wollte, kam mir der feste Betrag natürlich zu Gute. Ich habe dir ja gesagt, dass 92% für den täglichen Konsum genutzt wurde. Ein Traumwert zum Beginnen. Und das meine ich absolut ernst. Wenn du nun ein Konten System einsetzt, wirst du die Erfolge sehen und vor allem spüren. Du wächst quasi mit dem System mit.

Da nun noch 8% über waren, habe ich diese aufgeteilt. Und zwar exakt auf die anderen 5 Kategorien. Bei 3000€ Einkommen nicht wirklich der Bringer. 240€ durch 5. Da brauchte ich nicht mal Excel für. Ich habe dennoch eine perfekte Tabelle angelegt und mich stundenlang mit planen und planen und nochmal planen beschäftigt.

Gut geplant ist der halbe Sieg, Ja, das stimmt. Die Tabelle nahm nun Form an und zeigte mir exakt auf, was zu tun war. Die Verteilungswürdigen 48€ sollten nun ständig und stetig auf die verschiedenen Kategorien aufgeteilt werden.

Vom Pleitegeier zum Adler

Wie die Gelder verwalten?

Es gibt 3 Arten, die sich in gewisser Weise ähneln aber dennoch immer etwas anderes sind. Du kannst auch eine vierte Art der Verwaltung nutzen, aber ich denke nicht, dass du in old school Manier dein Geld in die Spardose steckst oder deine Strümpfe vollstopfst.

Im Laufe der Transformation zum Selfmade Finanzverwalter könnte es mit dieser Methode durchaus nicht einfach sein.

1. Verteilung auf diverse Konten

Ganz simpel durch physische Trennung. Jede Kategorie liegt auf einem extra Konto. Das muss auch nicht immer dieselbe Bank sein, sondern kann durchaus variieren. Einige Banken bieten auch Unterkonten an. Für die Übersicht ist das wirklich klasse. Für den Anfang würde ich wirklich dieses Prozedere empfehlen.

Der Vorteil liegt auf der Hand. Du kannst dich nicht selbst betrügen. Liegt das Geld auf einem spezifischen Konto extra nur für diesen Zweck, kannst du auch nur genau die Menge Geld nutzen. Wenn alle, dann alle.

2. Excel ist mein Freund und Helfer

Die zweite Ebene ist die Verwaltung per Excel Tabelle. Hierfür benötigst du nur ein Extra Konto. In der Tabelle selbst generierst du dir virtuelle Unterkonten. Das hört sich tatsächlich schwerer an, als es ist.

Das Konten System

Hier musst du natürlich an deine Disziplin appellieren. Es ist nun nicht physisch getrennt und daher kann ich es ohne Probleme hin und her schieben. Habe ich auf einem Konto zu wenig, ist es nicht wirklich schwer das eine Konto zu mindern und das entsprechende Konto zu erhöhen.

Im Prinzip kannst du es dir wie ein Unternehmen mit mehreren Kostenstellen vorstellen, wobei jede Kostenstelle dann im Endeffekt ein eigenes Konto hat.

Hier wird immer mit Daueraufträgen gearbeitet. Das Kontensystem wird angelegt und ein Dauerauftrag gesetzt. Der Betrag wird in einem Rutsch auf das Konto gezahlt und dann händisch auf die virtuellen Unterkonten verteilt.

Das ist auch die Methode, welche ich nutze. Seit Jahren arbeite ich mit Tabellen und vor allem Excel. Du kannst hier herrliche Auswertungen machen und die einzelnen Blätter genau so gestalten, wie du es für sinnvoll und richtig erachtest.

Bei mir setzt ab und zu der Optimierungswahn ein. Dazu fange ich an einzelne Tabellenblätter hübsch zu machen und am System zu operieren. Ich kann mich aber nach kurzer Zeit selbst stoppen.

Wenn etwas tadellos funktioniert und das auch noch über einen langen Zeitraum hinweg, kommst du automatisch in einen Fragemodus, wo du das System in Frage stellst, da Automatismen reibungslos laufen und es keine Probleme gibt. Das liegt in unserer menschlichen Natur, dass wir Dinge immer wieder in Frage stellen und denken, dass es doch nicht so einfach sein kann. Doch, das kann es. Und das ist es.

3. Eine App zur Kontrolle

Die dritte Methode ist die Verwaltung per App. Es ist definitiv nur für Fortgeschrittene geeignet und vor allem für solche, die sich gerne, lange und auch intensiv mit dem eigenen Geld beschäftigen.

Uns wird gerne suggeriert, dass es mit Finanz-Apps und Budget-Apps etc. viel einfacher ist. Und das ist es auch, gar keine Frage. Mit diesen Hilfsmitteln kannst du ohne Probleme Budgets anlegen für alles.

In Bezug auf die eben besprochene Excel Tabelle, macht eine App genau das Gleiche. Die Formeln sind schon eingearbeitet und obendrein bekommst du auch ein großartiges Dashboard. Manche Apps haben sehr viele Funktionen, welche du meistens gar nicht wirklich brauchst. Aber das sollte kein Problem sein. Nutze sie dann einfach nicht :D

Die bekannteste App in diesem Bereich ist „you need a budget – kurz ynab". Hier kannst du unter anderem deine Bankkonten einpflegen, aber auch manuelle Eingaben machen. Anhand verschiedener Filter in der App selbst, werden die Ausgaben kategorisiert bzw. deinen Budgets zugeordnet.

Wenn du nun ein ausgeklügeltes System, wie das Konten System, einsetzt, musst du immer am Ball bleiben und die Daten kontrollieren.

Das Konten System

Da du generell durch diese App nur ein Konto benötigst, kann es mitunter sehr mühselig werden alles im Auge zu behalten.

Ich möchte es natürlich nicht verteufeln, doch meine Kernaussage vom Anfang unterstreiche ich hiermit. Es ist eine wirklich großartige Sache, doch absolut nur für Fortgeschrittene.

Vom Pleitegeier zum Adler

Womit fange ich denn nun an?

Generell ist es erstmal wichtig überhaupt zu beginnen. Jeder von uns kennt diese Menschen, die immer nur „ich müsste mal" oder noch schlimmer „man könnte mal" dieses oder jenes machen. Ich persönlich bekomme jedes Mal abstehende Nackenhaare, wenn so etwas kommt.

Ich möchte mich davon nicht freisprechen. Es geht uns allen so. Niemand ist perfekt. Jeder hat einmal einen scheiß Tag oder schlechte Laune oder keine Lust sich aufzuraffen. Auch wenn manche Persönlichkeitsentwicklungs-Profis und Coaches gerne davon reden immer top motiviert zu sein etc.

Das ist Nonsens, doch darum soll es gar nicht gehen. Das Wichtigste ist, einfach anzufangen, punkt. Mehr ist es nicht. Auch wenn es nicht 100%ig ist. Egal, einfach machen. Feinheiten kannst du im Nachhinein justieren.

Ich nutze noch keine App, werde mich aber in naher Zukunft deutlich mehr mit beschäftigen. Das Potential ist einfach unerschöpflich und das Ende der Fahnenstange noch lange nicht erreicht. Bislang schafft es noch keine App mein eigenes finanzielles Gestrüpp (für mich) passabel abzubilden.

Deswegen nutze ich zur Verwaltung ausschließlich Excel gepaart mit verschiedenen zweckgebunden Konten (diese werde ich dir folgend ALLE erklären).

Das Konten System

Konten

- Gehaltskonto / Geldeingangskonto
- Fixkostenkonto
- Investmentdepot mit Verrechnungskonto
- Rücklagenkonto
- Visa Konto
- Geschäftskonto

Diese 6 physischen Konten sind für mich absolut essenziell. Hier kann ich mein ganzes Leben ordnen und entsprechend alle Cashflow Ströme etc. auseinanderhalten. Falls du nicht selbstständig bist, sowohl voll selbstständig oder auch nur zum Teil, entfällt dieses Konto natürlich. Damit landest du dann bei 5 Konten.

TEIL 6 – SYSTEMKONTEN

Gehaltskonto

Hier kommt alles Geld, welches du bekommst, erst einmal gebündelt drauf. Ob es Einkommen ist oder Umsätze aus Selbstständigkeit sind. Alles wandert hier drauf. Ebenso finden auch alle Sonderzahlungen wie Geldgeschenke oder Steuererstattungen den Weg auf dieses Konto.

Ganz wichtig: Von diesem Konto wird nichts abgebucht. Hier wird nur verteilt.

Fixkostenkonto

Wie der Name schon sagt, geht es um die fixen Kosten. Diese fallen bei uns allen an, definitiv. Alles, was Kosten verursacht wird hier abgebucht. Und bevor du sagst, es sei zu umständlich. Nein, ist es nicht.

Du lässt alles vom Fixkostenkonto abbuchen. Dazu richtest du einen Dauerauftrag vom Geldeingangskonto auf das Fixkostenkonto ein. Das ist das ganze Geheimnis. Wie genau das im Detail angestoßen und umgesetzt wird, erkläre ich dir einem gesonderten Kapitel.

Investmentdepot

Ein Depot ist absolut notwendig, um am Aktienmarkt aktiv zu sein. Das Depot ist immer verbunden mit einem Verrechnungskonto. Dieses dient einzig und allein um die Abrechnung vorzunehmen. Du bekommst beispielsweise Dividenden etc. Dieses Geld fließt auf das Verrechnungskonto.

Das Depot ist quasi die Lagerstelle deiner Aktien. Sinnbildlich kannst es dir wie eine Vorratskammer vorstellen, die mit verschiedenen Konserven gefüllt ist.

Rücklagenkonto

Dieses Konto ist im Grunde genau das Thema des Buches. Nichts ist für mich persönlich so wichtig, in finanzieller Hinsicht, wie Rücklagen zu haben und vorbereitet zu sein. Es gibt ganz einfach nichts, was ewig hält, niemals kaputt geht und ersetzt werden muss.

Der Sinn eines Konten Systems steht für mich außer Frage. Ich werde dir in den folgenden Kapiteln erklären und auch beispielhaft zeigen, wie Rücklagen zu verstehen sind und wofür sie eigentlich da sind.

Sinn oder Unsinn?

Unterhalte ich mich in meinem Freundeskreis oder auch in familiären Gefilden über dieses Thema, stoße ich oft auf Unverständnis. Nach dem Motto „Hast du nichts Besseres zu tun" bekomme ich allerlei Fragen dazu. In wenigen Worten lässt sich ein System nun einmal nicht erläutern.

Dafür ist DAS BUCH hier da. Um haarklein aufzuzeigen, wie ich es mache. Fakt ist, dass ich durch das System an sich in den letzten Jahren mit meiner Familie keinerlei finanzielle Nöte ausstehen musste und auch zukünftig nicht werde.

Wenn du den Sinn dieser Aufteilung erst einmal verstanden hast, bist du zu 100% auf Kurs. Kein Vermögen wird mit nur einem Konto aufgebaut. Ursprünglich wurde das Sparbuch präferiert. Genau genommen ist das auch ein Konten System. Nämlich bestehend aus Geldeingangskonto und Rücklagenkonto.

Ich weite das nur entsprechend weiter aus. Und zwar auf sinnvolle nachvollziehbare Weise.

TEIL 7 – RÜCKLAGEN BILDEN

Was sind Rücklagen?

Durch den Aufbau einer Familie habe ich in den letzten Jahren gemerkt, wie wichtig Rücklagen sind. Wir bewohnen ein selbstgebautes Einfamilienhaus. Nach einigen Jahren kann ich mit Gewissheit sagen: Es bleibt nicht alles heile!

Nichts ist für die Ewigkeit. Nach 4 Jahren ging bereits die Spülmaschine kaputt. Der Ofen war vor einiger Zeit auch defekt. Da könnte ich auf die Idee kommen, es war eine Montagsküche. Oder einfach nur Pech.

Im Laufe der Zeit häufen sich einige Notfälle und Reparaturen an. Eins vorweg. Es hat uns nichts davon komplett aus der Bahn geworfen. Mir wurden nur mal wieder die Augen geöffnet. Viele Kosten sind ganz einfach planbar. Und genau darauf ziele ich mit dem Konten System ab.

Ich weiß zwar nicht, wann genau mir der Kühlschrank um die Ohren fliegt, aber ich kann dafür vorsorgen. Ebenso kann mal ein Auto kaputt gehen, muss zum TÜV oder braucht neue Reifen zum Winter.

Möglichkeiten gibt es wirklich viele. Es kann viel passieren, was jeder verstehen wird. Doch das muss keineswegs zum Problem werden. Aus dem Bekanntenkreis oder auch unter Freunden kennst du sicher

Vom Pleitegeier zum Adler

Unterhaltungen wie „Erst waren die Bremsen runter, dann musste die Katze zum Tierarzt, weil sie gebissen wurde und obendrein ging die Mikrowelle kaputt. Dazu ist in 2 Wochen Weihnachten".

So oder so ähnlich kennt das der eine oder andere. Auch mir bzw. mir und meiner Frau ging es schon so. So etwas ist natürlich ärgerlich, doch es muss definitiv kein Problem sein, wenn entsprechend vorgesorgt wird. Das Gefühl ist einfach großartig, zu wissen, dass alles in trockenen Tüchern ist und einen nichts wirklich aus der Bahn werfen kann.

Viele sehen immer nur ihr Gehalt und das war es dann. Alles wird ausgegeben, weil ja noch etwas da ist. Und genau das ist der größte Fehler, den sehr viele Menschen machen. Dieses Phänomen kann man häufig bei Selbstständigen betrachten. Der Rubel rollt und es wird Umsatz gemacht. Völlig euphorisch wird dann der Konsum nach oben geschraubt, weil es gerade so gut läuft.

Und dann kommt die Steuer und dazu noch Vorauszahlung der Steuer für das nächste Jahr. Das bricht vielen dann wieder das Genick. Sie geben quasi Geld aus, was Ihnen gar nicht gehört. Auf dich als Privatperson trifft das Steuerbeispiel nicht ganz zu, doch Parallelen bestehen allemal.

Du selbst kaufst auch eine Waschmaschine mit dem Wissen, dass sie nicht für immer hält. Machen wir uns bitte nichts vor. Wir alle denken in diesem Augenblick nicht wirklich dran, dass das teure Mistding jemals kaputt geht, wo es doch jetzt hier ohne Staubkorn steht. Aber

Rücklagen bilden

der Tag wird kommen an dem sie den Hintern in die Höhe streckt und einfach nicht mehr geht.

Niemand gibt gerne Geld für solche Sachen aus. Jedenfalls kenne ich keinen (!). Doch denk bitte an das Gefühl, wenn du einfach eine neue kaufst und dich das ein müdes Lächeln kostet. Denn das Geld dafür hast du schon, weil du dafür Rücklagen bildest.

Die Rücklagen im Konten System

Nun geht es ins Detail. Wie du schon erfahren hast, sorge ich für alles vor. Doch welche Kategorien sind sinnvoll? Die Präferenzen sind wahrscheinlich bei jedem anders, jedoch habe ich das Leben und das Risiko komplett in den Fokus genommen, um eine ganzheitliche Betrachtung zu ermöglichen.

Nachfolgend zeige ich dir meine Rücklagen und die Gewichtung einzelner Komponenten.

Langfristige Investitionen

Unter diesem Punkt verstehe ich generell alles, was ich oder meine Familie sich wünscht, wozu aber im Augenblick kein Muss besteht. Beispielsweise würde meine Frau gerne einen Thermomix haben und ich würde gerne einen Rasenmähroboter im Garten haben.

Das sind schöne Dinge, welche aber nicht zwingend notwendig sind. Die langfristigen Investitionen zielen also darauf ab, diese Wünsche peu a peu anzusparen.

Natürlich sollten die Ziele und Wünsche erst einmal zusammengetragen werden. Ich habe mir mit meiner Frau eine Prioritätenliste erstellt. Hier suchen wir die Preise der Anschaffungen heraus. Diese müssen nicht zu 100% korrekt sein. Es ist jedoch von Vorteil zu wissen ob etwas 300€ oder 1200€ kostet. Ein grober Richtwert reicht hier aus.

Alle Punkte dieser Liste werden dann nacheinander abgearbeitet und gekauft.

Vom Pleitegeier zum Adler

Rücklage für den Haushalt / das Leben

Da ich an das Konsumbudget nicht herangehen möchte, bilde ich für den Haushalt ebenfalls eine Rücklage. Vielleicht denkst du nun, dass du so etwas nicht brauchst. Wenn du jedoch das erste Mal dastehst und dir der Kühlschrank kaputt geht und du kein Geld hast dafür, wirst du ganz anderes darüber denken.

Bei mir und meiner Familie tauchen hier eine Menge Sachen in der Liste auf. Von Brillen über Mikrowelle bis zu Betten und Druckerpatronen. Alles, was generell mal kaputt gehen kann, taucht hier auf.

Um das ganze so simpel wie nur möglich zu halten nimmst du dir dafür einen Stift und Zettel. Nun stellst du dich in die hinterste Ecke deines Hauses / deiner Wohnung. Jetzt schreibst du alles auf, was du siehst was kaputt gehen kann und verhältnismäßig teuer ist.

Bedenke, dass alles was du nicht aufschreibst und kaputt geht, direkt aus deinem Portemonnaie gezahlt wird und somit dein Budget für den Konsum mindert. Es geht hier nicht um die Batterie einer Armbanduhr, sondern vielmehr um Sachen, die so ziemlich jeder im Haushalt hat.

Einige Beispiele? Kühlschrank, Waschmaschine, Drucker, PC, Rauchmelder, Staubsauger, Toaster, Wasserkocher, Bett, Fernseher... Sicherlich kann die Liste noch viel weitergeführt werden. Die

Rücklagen bilden

persönlichen Präferenzen jedes einzelnen kenne ich natürlich nicht wirklich, deswegen waren es nur Beispiele.

Vom Pleitegeier zum Adler

Rücklage für die Mobilität

Fährst du ein Auto? Ich auch. Und dieses kann und wird irgendwann kaputt gehen! Das ist so sicher wie das Amen in der Kirche. Es kommt hier natürlich auf den Preis des Autos an. Danach richtet sich die Höhe der Rücklage. Wir kaufen generell nur günstige Autos, so um die 5000€. Nehmen wir das als Beispiel um es dir plausibel aufzeigen zu können.

Das Auto wird nach dem Kauf exakt 4 Jahre gefahren und dann verkauft. Ich unterstelle einen Wertverlust von rund 75% in dieser Zeit. Das bedeutet nichts anderes, als dass wir das Auto für 1250€ wieder verkaufen können nach den 4 Jahren. Gleichermaßen zeigt es auch wie hoch die Lücke ist. 3750€ werden benötigt, um genau das Gleiche Auto wieder kaufen zu können nach der Zeit.

Selbstverständlich fängt ein Auto bei A an und hört bei O auf. Das hat mein Opa früher schon zu mir gesagt. Es fallen auch Reparaturen an. Diese kann ich einfach nur schätzen. Ich mache es mir das relativ einfach und nehme 25% vom Kaufpreis als Maßstab. Das wären im Beispiel 1250€.

Nun bilde ich den Betrag. Im Grunde ist es direkt der Kaufpreis in voller Höhe. Diesen nehme ich als Maßstab für die Rücklage. Sicherheit hat immer höchste Priorität. Teilweise ist der Betrag, auch bei unseren Autos, etwas zu hoch über die Zeit gesehen. Der Teufel

Rücklagen bilden

steckt jedoch im Detail. Es ist schöner 1000€ über zu haben als 1000€ zu wenig für einen Neukauf bzw. eine anstehende Reparatur.

In dem Beispiel des 5000€ Autos beträgt die Rücklage etwas über 104€. Damit bist du absolut sicher und brauchst dir keine Gedanken mehr machen. Der schlimmste Fall ist so gut wie gesichert und du musst nicht wieder zur Bank rennen und die Hand aufmachen, um einen Kredit zu unterschreiben.

Rücklage Immobilie

Meine Frau und ich sind Eigentümer eines Einfamilienhauses. Ich wollte es immer nie wahrhaben, wenn ich von meinem Opa oder auch anderen Personen darauf hingewiesen wurde, dass auch ein Haus ständig Pflege braucht und immer mal etwas kaputt geht. Doch es ist tatsächlich so.

Trotz eines neugebauten Hauses fällt immer wieder etwas an. Sei es der Schließzylinder an der Haustür oder aber der Fühler an der Photovoltaik Anlage auf dem Dach. So ein Schließzylinder kostet vielleicht 60€, während die Reparatur eines solchen Fühlers mit Arbeitsstunden um die 350€ kostet.

Jedes Bauteil an einem Haus hat eine ungefähre Haltezeit. Es wird irgendwann die Heizung kommen und einen Anstrich braucht das Haus auch nicht nur alle 40 Jahre. Ich habe lange gebraucht, um mir eine passable Rücklage dafür anzulegen. Denn auch hier steckt der Teufel im Detail. Ich kann für jedes Bauteil eine Rücklage berechnen.

Das würde wahrscheinlich ewig und drei Tage dauern. Als Faustregel habe ich mich die letzten Jahre an das qm Prinzip gewöhnt. Ich lege pro qm einen Euro zurück. Unser Haus hat 134qm Wohnfläche, also entsprechend 134€ pro Monat. Das mag relativ viel erscheinen, lässt einen aber ruhiger schlafen. Da spreche ich aus Erfahrung.

Rücklagen bilden

Urlaub

Was nutzt sparen und ein sparsames Leben, wenn du nur vor dich hinvegetierst? Richtig, nichts. Jeder von uns möchte einmal raus und was anderes sehen. Urlaub zu machen und auch zu haben hat so viele Vorteile. Natürlich möchte ich hier keinen Reiseratgeber präsentieren, doch du weißt das, genau wie ich auch. Wir alle brauchen den Urlaub.

Es ist nun einmal so, dass jeder Urlaub auch Geld kostet. Wieviel das ist, dürfte bei jedem absolut unterschiedlich sein. Die genaue Summe wirst du sowieso nie berechnen können, doch du kannst doch annähern.

Zu diesem Zweck lässt du deine letzten Urlaube Revue passieren und schreibst sie auf. Dazu zähle ich alles. Vom Ostseeurlaub im Sommer bis zu Wochenendausfahrten etc. Der nächste Schritt besteht darin die Kosten für die Übernachtungen dem jeweiligen Urlaub zuzuordnen. Beispielsweise kostet der Ostseeurlaub auf dem Bauernhof 124€ pro Nacht. Bei 7 Übernachten entspricht das 868€.

Natürlich war es das noch nicht. Ab und zu wäre etwas zu essen ein Traum. Das Auto wird hin und wieder bewegt, eventuell um Sehenswürdigkeiten anzuschauen oder um einfach zum Strand zu fahren.

Urlaub bedeutet auch Freiheit. Dementsprechend ist es relativ normal Essen zu gehen oder sich euphorisch auch mal neue Klamotten zu kaufen. Wir haben uns angewöhnt pro Tag eine Vollverpflegung von

125€ anzusetzen. Im obigen Beispiel kommen für die 7 Tage also noch einmal 875€ dazu.

Darin ist alles enthalten. Eventuell musst du einmal tanken für einen Tagesausflug, oder benötigst ein Taxi. Natürlich musst du auch etwas essen.

An den Kosten für die Unterkunft kannst du nichts drehen. Die sind relativ fix. Sparen könntest du nur an deinem Tagessatz. Wenn du nun denkst das 125€ zu hoch angesetzt sind, dann lass dir gesagt sein, dass im Urlaub das Sparen aufhört. Wir selbst kochen auch mal eine Runde Spaghetti für alle, doch das ist meist nicht die Regel.

Das meiste Geld innerhalb eines Urlaubes geht unweigerlich für essen und trinken weg. Ein Eis hier, ein Kaffee da etc. pp. Wir haben es uns ganz einfach angewöhnt diese Tagessätze zu nutzen, da man absolut in ein Mangeldenken kommt, wenn das Budget derart niedrig angesetzt ist.

Wieder das Beispiel essen. Ist das Budget auf 75€ pro Tag angesetzt, überlegst du dir zweimal, ob das Abendessen im Steakhouse stattfindet oder beim Italiener. Das ist jetzt keine Wertung an sich, doch ich denke du weißt worauf ich hinauswill.

Wenn ich nun die Rücklage bilden möchte, rechne ich einfach alles zusammen und breche auf den Monat runter. In diesem fiktiven Beispiel lege ich also 145€ jeden Monat zur Seite. Urlaub wird dann nie wieder ein besonderes Thema sein, da es einfach in den Monat integriert ist.

Rücklagen bilden

Wenn du noch Wochenendausflüge oder andere Kurzurlaube einplanen möchtest, verfährst du auf genau dieselbe Art und Weise.

Geschenke und Feiern

Vielleicht kann ich dir ein kleines schmunzeln entlocken, wenn du diese Überschrift liest. Fakt ist, wir werden alle ab und an zu Geburtstagen oder auch zu Feiern eingeladen. Das setze ich jetzt einfach einmal voraus.

Hast du dir darüber schon einmal Gedanken gemacht, was du dafür eigentlich immer locker machst? Du wirst erstaunt sein, wenn du es alles einmal aufschreibst.

Dazu nimmst du dir deinen Kalender und fängst bei Januar an. Alle Geburtstage werden nun chronologisch aufgeschrieben. Wo wirst du immer eingeladen? Wo gehst du immer hin? Die Frage, die nur du beantworten kannst, ist, was du dann verschenkst. Ist es im Wert von 5€ oder von 15€? Schreibe diesen Betrag hinter jeden Namen.

Dann feierst du selbst deinen Geburtstag? Machst du dort ein Saufgelagere mit Spanferkel oder lädst du zum Brunch ein? Hier denke an die letzten Jahre, was du an diesem Tag bzw. auf deiner Feier gemacht hast. Trage auch hierfür eine Summe ein, die sämtliche Getränke und auch das Essen beinhaltet.

Wenn du Single bist, wird sich das Ganze relativ in Grenzen halten. In einer Partnerschaft sieht es da schon ganz anders aus. Vielleicht habt ihr nicht nur gemeinsame Freunde und ihr ladet nicht immer dieselben Personen ein.

Rücklagen bilden

Wenn Kinder mit in der Berechnung auftauchen, wird es zwangsläufig etwas mehr. Ab dem Kindergartenalter fangen die gegenseitigen Geburtstagseinladungen an und ziehen sich natürlich durch das Kindesalter hinweg durch.

Wenn du nun alles untereinander aufgeschrieben hast ist es Zeit die Summe zu bilden. Welcher Betrag auch immer nun herausgekommen ist, diesen teilst du durch 12 und schon hast du deine Rücklage. Wenn du diesen Betrag kontinuierlich beiseitelegst, kommen altbekannte Gespräche über anstehende Geburtstagsfeiern gar nicht erst zustande.

Bildung / Weiterbildung

Nichts ist wichtiger als die eigene Persönlichkeit weiter nach vorne zu bringen. Eine Metapher, die immer gut beschreibt, was Nichtstun bewirkt ist: Ein Baum, der nicht mehr wächst, stirbt. In meinen Augen ist Bildung absolut essenziell.

Ab und zu ein gutes Fachbuch lesen ist genauso wichtig wie ein Seminar zu besuchen. Das muss nicht immer zwingend mit deinem Beruf zu tun haben. Es geht schlicht und einfach um die Horizonterweiterung. In jedem Seminar lernst du neue Menschen kennen und kannst von ihren Erfahrungen oder Lebensroutinen profitieren. Das eine oder andere übernimmst du vielleicht in dein eigenes Leben.

Jedes Buch, naja sagen wir fast jedes, vermittelt dir das ganze Wissen einer einzelnen Person. Teilweise stecken in einem Buch 20, 30 oder 50 Jahre Lebenserfahrung. Und all das in einem Buch komprimiert und destilliert. Wenn ich ein Fachbuch kaufe, kann das schon mal gut und gerne 50€ kosten.

Für mich persönlich ist das hervorragend angelegtes Geld, denn was in meinem Kopf ist, gehört nur mir allein. Egal, was passiert, es bleibt meins.

Als kleiner Tipp am Rande, falls du Arbeitnehmer bist. Nutze den Bildungsurlaub! Jedes Jahr stehen dir 5 Tage Bildungsurlaub zusätzlich zu deinem Tarifurlaub zu. Und genau diese solltest du rigoros nutzen.

Rücklagen bilden

Dabei ist es absolut egal, was du machst. Der Bildungsurlaub muss nichts mit deiner aktuellen Arbeit zu tun haben. Als Beispiel: Du bist im Straßenbau tätig und gehst an der Nordsee angeln.

Des Weiteren zählt in diese Kategorie alles, was mit der Schule der Kinder zu tun hat. Jedes neue Schuljahr kommt einiges an neuen Büchern auf uns zu. Die Klassenkasse wird etwas gefüllt und diverse Hefte, Stifte etc. finden den Weg zu uns.

Die nächste Klassenfahrt lässt auch nicht allzu lange auf sich warten. Der Bereich Bildung und Weiterbildung hat bei uns einen hohen Stellenwert. Diese Kategorie bekommt keinen festen Betrag, sondern wird prozentual bespart.

Spaß

Egal wer vom sparen redet oder sich dafür interessiert. Irgendwann kommt man an den Punkt, wo man sich fragt, ob Verzicht und „sich kurzhalten" langfristig wirklich so gut ist. Natürlich kann ich meinen Betrag für die finanzielle Freiheit in die Höhe wachsen lassen, wenn ich spartanisch lebe.

Sparratgeber gibt es mittlerweile wahnsinnig viele. Ich habe sogar schon vom abzählen der Klopapierquadrate gelesen pro abwischen. Meine Fresse, was ein Scheiß! Bitte entschuldige meine Wortwahl, aber bei Tipps dieser Art kann ich mir nur an den Kopf fassen.

Ja, natürlich kann ich all diese Tipps beherzigen, mein Klopapier abzählen, jeden Mülleimer durchwühlen nach Pfandflaschen, mir dicke Kleidung zuhause anziehen, um Heizungswärme zu sparen. Die Frage ist, muss ich mir das antun? Nein (Punkt)

Jeder sollte etwas zur Seite legen, soviel ist sicher. Nur muss das nicht in Stress ausarten. Im Gegenteil. Die richtige Taktik ist entscheidend. Da trifft es sich ja hervorragend, dass du mein Kontensystem gerade erklärt bekommst ☺

Neben allem sollte der Spaß keineswegs zu kurz kommen. Das ist der nächste Wert, der prozentual berechnet wird und keinen fixen Betrag zugewiesen bekommt.

Rücklagen bilden

Unter Spaß kannst du generell alles verstehen, was ihn auch bringt. Gönn dir Luxus. Ob es ein Wellnesstag mit allem drum und dran in einem schicken Hotel ist, Kinoabende oder das teure Steak House. Du entscheidest natürlich.

Es geht schlicht und einfach darum, dass du den Betrag für den Spaß jeden Monat rigoros alle bekommst. Er muss ganz einfach weg sein. Und das kann er auch. So trainierst du dein Gehirn nicht auf Mangel, wie viele es denken, wenn sie das Wort sparen oder auch sparsam hören.

Der prozentuale Anteil liegt hier bei 10% deines Gehaltes.

Vom Pleitegeier zum Adler

Finanzielle Freiheit

Dieser Begriff ist etwas aus und in die Mode gekommen. Die wahre finanzielle Freiheit werden die meisten nie erreichen. Mit einem normalen Gehalt jedenfalls nicht. Verdienst du überdurchschnittlich und sparst davon eine große Menge, könntest du in den Genuss kommen finanziell frei zu sein.

Ich möchte das zum Beispiel gar nicht wirklich. Hinter der Rücklage der Freiheit verbirgt sich meine eigene Definition. Da wir weder „riestern", noch andere Rentenversicherungen besparen, kümmern wir uns ausschließlich um unser Geld allein.

Damit fahren wir hervorragend, da über das Konten System alles, und zwar wirklich alles, ein besonderes Augenmerk bekommt. So auch unsere Altersvorsorge. Das ist nämlich die finanzielle Freiheit für uns. Jeden Monat wird per Dauerauftrag in Aktien investiert.

Das generieren kleiner Rentenversicherungen habe ich dir in einem vorherigen Kapitel bereits erklärt. Viele Wege führen bekanntlich nach Rom. Auch hier ist ein prozentualer Wert reserviert. Die Höhe beträgt 10%.

Der Betrag wird auch gerne Sparrate genannt. Ganz oft trifft man in diesem Zusammenhang auf Fragen, wie man diese erhöhen kann und überhaupt ist die Sparrate das non plus Ultra, wenn es um die Geldanlage und den Umgang mit Geld geht.

Rücklagen bilden

Für mich ist das nicht so! Ich möchte für mich und meine Familie ein gesundes Gleichgewicht herstellen in Bezug auf die Finanzen. Aus diesem Grund ist das Konten System entstanden, welches mich seit Jahren treu begleitet.

Ein Betrag wird auch für die finanzielle Freiheit aufgebracht. Dieser ist aber nie höher als der Spaßanteil oder die langfristigen Investitionen. Es bringt mir absolut NULL, wenn ich das Aktiendepot voll bis zum Anschlag habe, weil ich tausende Euros investiere, auf der anderen Seite aber beim Zoobesuch darüber nachdenke, ob denn das Eis für 3,40€ jetzt auch noch sein muss.

Ich denke du weißt, worauf ich hinauswill. Der Betrag für die finanzielle Freiheit bzw. der Lebensabendabsicherung beträgt 10% des monatlichen Nettogeldeinkommens. Vielleicht hast du schon einmal „Der reichste Mann von Babylon" gelesen. Aus diesem Buch habe auch ich sehr viel gelernt in Bezug zum Thema Bröckchen sparen. Hier werden auch generell 10% angepeilt.

Diese prozentuale Größe habe ich im Laufe der Zeit dahingehend angepasst, da es mit dem Konten System hervorragend zusammenpasst. Wenn du denkst, dass 10% nicht viel sind, dann denke an den Betrag in 20 Jahren. Das dürfte reichen als Motivation. Als Denkanstoß: 3500€ Gesamtes Familieneinkommen entsprechen in 240 Monaten der Sparrate einem Betrag von 84.000€. Davon kauft mancher eine Wohnung.

Die Aufteilung der ganzen Kohle

Du kannst dir alles wie einen großen Trichter vorstellen. Oben schüttest du das Geld rein und bis nach unten wird es in unterschiedliche Töpfe. Das Beste daran ist einfach, dass ganz unten nichts mehr ankommt.

Ich habe mir anfangs für diverse Zwecke des Konten Systems einzelne Konten zugelegt. Darunter waren Kreditkartenkonten, die gepaart waren mit dem Hauptgirokonto und auch PayPal-Konten. Diverse Tagesgeldkonten waren auch mit dabei.

Alles in Allem kam ich auf eine beachtliche Menge Konten. Prinzipiell kann ich sagen, dass eigentlich genau das auch der richtige Ansatz ist, allein schon der Übersicht wegen. In der Praxis ist es jedoch mitunter recht schwierig eine Fülle an Extra bzw. Unterkonten anzulegen.

Das Kontensystem war anfangs auch noch nicht so umfangreich und hat bestimmte Lebensbereiche noch nicht vollumfänglich abgedeckt. So wurde es immer weiter optimiert und neue Zwecke wurden eingebunden.

Irgendwann in einer meiner Nachtschichten kam es mir wie ein Blitz ins Gehirn geflogen. Warum nicht nur ein Konto und dort per Excel verwaltete Unterkonten? Die Idee hat mich begeistert und dazu geführt im Laufe der Zeit eine absolut optimierte Tabelle zu bauen, welche mir das Leben sehr stark vereinfacht hat.

Rücklagen bilden

Ich verwalte die Rücklagen auf einem Extra Konto. Die Betonung liegt auf „einem". Alle Bewegungen der einzelnen Konten kontrolliere ich im Excel. Ich habe dir die verschiedenen Möglichkeiten ja bereist aufgezeigt, wie du ein Konten System verwalten kannst. Für mich ist ganz klar die Excel Variante die Beste. Aber das muss nicht zwingend so bleiben.

Bislang gibt es keine App, die meine Tabellen abbildet, doch vielleicht kommt das noch. Oder sollte ich eine entwerfen? Die Zeit wird es zeigen.

Nun zur Aufteilung. Der Trichter wird befüllt:

- 50% Konsum
- 10% langfristige Investitionen
- 10% Bildung
- 10% Urlaub
- 10% Spaß
- 10% Finanzielle Freiheit
- Fester Betrag:
- Immobilie
- Rücklage Auto(s)
- Rücklage Haushalt
- Geschenke und Feiern

Vom Pleitegeier zum Adler

Warum die ganze Mühe mit den Rücklagen?

Die Auflistung im letzten Kapitel kann ich als ultimatives Ziel empfehlen. Ich selbst lebe nach genau diesem Kostenschema und der Struktur. Es dauert vielleicht etwas, bis das System aufgesetzt wird und eventuell manch anderes Konto eröffnet wird. Doch, es lohnt sich.

Der einzige Sinn ist die Vereinfachung. Du folgst einer klaren Struktur und festen Regeln. Wenn dein Netto sich erhöht, steigt absolut alles. Du sparst mehr, du hast mehr Geld für Urlaub und hast mehr Geld für Spaß über.

Seit wir in unserer Familie dieses Konten System nutzen, hat sich vieles vereinfacht. Die Dinge sind klar geregelt und uns macht keine kaputte Waschmaschine mehr Kopfschmerzen, wenn übernächste Woche der Urlaub ansteht und das Auto vorher noch zum Tüv muss. Das ist absolut empfehlenswert für das ganze Wohlbefinden.

Die wahre Angst bei fast allen ist die Arbeit. Sie sehen das ganze als Arbeit an. Sich mit den eigenen Finanzen auseinandersetzen ist so ziemlich das unspektakulärste aller Zeiten und macht mal eben überhaupt keine Lust auf mehr.

Genau das ist der Fehler. Ich finde es absolut essenziell und das Wichtigste überhaupt seine Kohle zu kennen und alles darüber zu wissen. Schließlich ist es doch mein Geld. Ich gehe dafür arbeiten und

Rücklagen bilden

ich bekomme es auf mein Konto. Ich und nur ich allein bin dafür verantwortlich.

Ein Konten System dieser Art ist nicht unbedingt einzigartig. Ob es T. Harv Eker aus den vereinigten Staaten ist oder auch ein Bodo Schäfer aus Deutschland. Alle propagieren ein Kontenmodell. Jeder präferiert da etwas andere Ansätze aber im Kern bleibt der Sinn derselbe. Klare Regeln und eine klare Struktur. Jeder Euro wird gleichbehandelt und hat seine Aufgabe. Dabei ist es egal ob 1000€ monatlich reinkommen oder 30.000€.

Der Aufwand am Anfang ist nicht zu unterschätzen, doch mit der Zeit wird es zum Selbstläufer. Viele, die das jetzt hier lesen werden sicherlich mit dem Gedanken spielen, ob ich mich bei 50% Konsum vertippt habe oder vielleicht leichten Restalkohol im Blut habe. Nein, das habe ich nicht. Diese Größe muss einfach angestrebt werden. Sollten die Aufgaben 50% überschreiten, lebt man zweifelsfrei über seinen Verhältnissen (Punkt).

Da wir aber auch nur Menschen sind haben wir natürlich nicht alles so gemacht, wie es jetzt der Fall ist. Als wir uns intensiv mit unseren Finanzen beschäftigt haben lag die Kostenquote bei ganz geschmeidigen 94%. Wie wir es genau gemacht haben, erkläre ich dir im nächsten Kapitel.

Vom Pleitegeier zum Adler

Keine 50% Konsum, sondern viel mehr?

Deine Ausgaben sind auch weit über 50%? Keine Sorge, das geht vielen so. Ich persönlich kenne ganz wenige, die in dieser Höhe ihre Ausgaben haben. Da zähle ich mich auch dazu. Noch ganz bin ich nicht angekommen bei dieser Größe aber der Weg ist das Ziel.

Ich möchte mich mit diesem Buch hier nicht als Guru präsentieren und dir irgendeinen Nonsens erzählen. Wenn ich Kontensysteme bei YouTube ansehe oder auch über Google suche finde ich immer nur die finale Aufteilung.

Bei meinem Konten System ist das diese mit 50% Lebenshaltung (Konsum). Viele denke sich nun, dass das utopisch ist und sie das nie schaffen würden. Natürlich nicht. Anfangs schafft das so ziemlich keiner. Mit Ausnahme vielleicht extreme Gutverdiener. Der Otto-Normal-Verbraucher aber wird es in der Regel nicht schaffen.

Das Konten System ist ein Zielwert und diesen gilt es zu erreichen. Es ist im Prinzip sehr einfach geregelt und auch machbar. Ich möchte dir anhand einiger Beispiele nun zeigen, wie ich es mache und auch gemacht habe.

Wie bereits erwähnt lagen unsere Kosten bei fast 94%. Hier ist ALLES drin. Unser Haushaltsbudget für den Einkauf, tanken, Kleidung etc. Anfangs habe ich dabei wirklich schlecht geschlafen und mir den Kopf zermartert, um Möglichkeiten zu finden Geldfresser zu identifizieren

Rücklagen bilden

und zu sparen. Natürlich auch mit dem Hintergrund, dass ich alle Werte bereits auf Hella und Pfennig ausgerechnet hatte.

Doch was nun? Die Konsequenz ist simpel. Der Rest wird aufgeteilt. Am Anfang zu gleichen Teilen bis eine Struktur entstanden ist und ich ein Händchen dafür entwickle. Als plakatives Beispiel mit 94% Kostenquote. Die restlichen 6% teile ich durch die Anzahl der restlichen Kategorien. In meinem Fall sind es 9. Daraus ergeben sich 0,67% für alle anderen Kategorien.

Für einen Geldeingang von 3000€ entsprechen 0,67% 20,10€. Die ganz genaue Zahl kann ich nicht mehr nachvollziehen, doch in dieser Höhe spielten wir in unserer Liga als wir das System aufsetzten. Da alles Weitere ja geklärt ist, sind diese restlichen Prozente der Startpunkt.

Mir ist durchaus klar, dass du dich an dieser Stelle vielleicht fragst wie du davon in den Urlaub fährst etc. Du kannst die Beträge anfangs auch priorisiert aufteilen. Du bevorzugst den Urlaub und teilst den Rest entsprechend auf. Der Rest ist 6%, also gehen 3% in den Urlaub. Solltest du Weihnachtsgeld und/oder Urlaubsgeld bekommen, umso besser. Nutze es auch dafür.

Das Urlaubsgeld habe ich genutzt, um das Urlaubskonto aufzufüllen und das Weihnachtsgeld war reserviert für die Geschenke. Merke dir immer, dass du lieber für 600€ ein paar schöne Tage Urlaub machst und das Geld dafür flüssig auf Tasche hast, als für 2000€ einen Urlaub zu buchen, den du irgendwie gar nicht bezahlen kannst. Die Erholung ist im wahrsten Sinne des Wortes scheiße, weil du genau weißt, dass dich der Urlaub viel zu viel Geld kostet und du dir wahrscheinlich ständig Gedanken machst, statt zu genießen.

Doch nun zurück zur Aufteilung. Du verteilst nun die 6% Rest auf deine Kategorien. Es erscheint auf den ersten Blick wirklich wenig. Ist es auch. Doch es hat einen Vorteil. Das ist erst der Anfang. Alles, was an Geld nun mehr und/oder zusätzlich kommt, wird entsprechend der Kategorien aufgeteilt.

Natürlich hat das wahnsinnig viel Disziplin erfordert. Trotzdem haben wir nicht wie eine Kirchenmaus gelebt. In den 94% war ja alles enthalten. Alles war geregelt und der Rest stand fest.

Rücklagen bilden

Das Ziel nie aus den Augen verlieren

Was ist das Ziel bei dieser Methode? Glasklar und absolut: Orientiere dich an der Obergrenze der Prozente des Geldeingangs und komm nie wieder darunter. Das ist elementar wichtig, da sonst das ganze System völlig sinnfrei wäre.

Der Weg ist das Ziel. Anfangs wird es Situationen geben, in denen die gewohnte Geldgewohnheit zum Vorschein kommt. Was da ist kann auch ausgegeben werden. Selbstverständlich ging uns das auch so. Doch unser Ziel war und ist, mit dem Geld auszukommen, ohne einen großen Spagat zu veranstalten.

Nachdem wir nun unsere Zahlen ermittelt haben, war der Weg klar definiert. Es ging gar nicht unbedingt um die Höhe der Rücklagen (momentan 6%), sondern vielmehr um das strikte System, welches aufgesetzt wurde.

Mir ist nicht bekannt, welchem Beruf du nach gehst oder ob ihr Doppelverdiener seid oder ob du Single oder unterhaltspflichtig bist. Was ich aber mit Gewissheit sagen kann ist, dass deine monatlichen Gelder im Laufe der Zeit steigen.

Ich arbeite in der Industrie und bekomme durch die Verhandlungen der Arbeitgeber und der Gewerkschaft regelmäßige Lohnerhöhungen. Meiner Frau geht es da ähnlich im Bildungssektor. Ab und an steigt das Kindergeld. Das ist natürlich nur interessant, wenn du auch welche hast. Verträge werden geändert, umgeschrieben oder ein Kredit fällt weg. Das sind alles Dinge, die dein monatliches Einkommen erhöhen. Folglich erhöht sich ALLES. Jeder einzelne Wert und jede Kategorie.

Hast du vorher 3000€ verdient und 6% Rücklagen, hast du einen Überschuss von 180€. Durch eine Gehaltserhöhung verdienst du nun 3050€ pro Monat. Deine Ausgaben bleiben gleich, doch der Überschuss wächst auf 230€. Nun bist du bei Gesamtausgaben von 92,46% und Rücklagen von 7,54%.

TEIL 8 – DAS SYSTEM IN DER ANWENDUNG

Das Konten System ist eingerichtet

Ich hoffe, ich konnte dich abholen und du schwimmst mit mir auf einer Welle. Zur Festigung gebe ich dir nun konkrete Beispiele zur Veranschaulichung. Als Beispiel nehme ich einige Ereignisse meiner eigenen Situation. Ganz einfach aus dem Grunde, weil ich sie kenne und mir nichts aus den Fingern saugen muss und auch weil ich es authentisch aufzeigen möchte.

Dieser Teil wird sehr theorielastig und zahlenintensiv. Das nur als kleine Vorwarnung.

Eckpunkte:

- Einkommen 3000€
- Ausgaben 2820€ (94%)
- Gesamte Rücklagen 180€ (6%)
- Kategorische Rücklagen 20€

Vorfall 1:

Da wir zwei Kinder haben, bekommen wir auch 2-mal Kindergeld. Dieses wurde bereits etliche Male erhöht. Zuletzt gab es eine Erhöhung von 10€ pro Kind. Das macht 20€ mehr Einkommen für uns. Das ändert die Situation bereits etwas.

Nach Vorfall:

- Einkommen 3020€
- Ausgaben 2820€ (93,38%)
- Gesamte Rücklagen 200€ (6,62%)
- Kategorische Rücklagen 22,22€

Vorfall 2:

Nun bekomme ich eine Bruttolohnerhöhung aufgrund tadelloser Gewerkschaftsarbeit von ein paar Prozent. In Zahlen machen das ungefähr 60€ netto monatlich aus. Wieder findet eine Änderung statt.

Nach Vorfall:

- Einkommen 3070€
- Ausgaben 2820€ (91,86%)
- Gesamte Rücklagen 250€ (8,14%)
- Kategorische Rücklagen 27,77€

Vorfall 3:

Durch eine Umschuldung eines Konsumkredites zahle ich statt 213€ nur noch 179€. Die Laufzeit ist exakt die Gleiche, nur der Zins hat sich etwas dezimiert durch den Produktwechsel. Die Ersparnis liegt hier also bei 34€ monatlich.

Nach Vorfall:

- Einkommen 3070€
- Ausgaben 2786€ (90,75%)
- Gesamte Rücklagen 284€ (9,25%)
- Kategorische Rücklagen 31,55€

Vorfall 4:

Der Stromanbieter informiert mich sehr freundlich darüber, dass er doch leider die Preise erhöhen muss zum nächsten Vertragsjahr. Überhaupt kein Thema für mich. Da wird schnell der Anbieter gewechselt und obendrein ist dieser dann auch noch 18€ günstiger.

Nach Vorfall:

- Einkommen 3070€
- Ausgaben 2768€
- Gesamte Rücklagen 302€
- Kategorische Rücklagen 33,56€

Ich könnte das unendlich lange so weiter ausführen. Egal, was das Einkommen erhöht, es erhöht die Kategorien generell. Ob die Ausgaben gesenkt werden oder die Einnahmen erhöht werden ist dabei irrelevant.

Vom Pleitegeier zum Adler

Bis zu einem gewissen Punkt können die Fixkosten natürlich gesenkt werden, doch irgendwann ist damit Schluss. Wechsle ich fleißig den Stromanbieter jedes Jahr, gibt das schon Vorteile, doch keiner arbeitet umsonst. Ein gewisser Preis muss einfach gezahlt werden. Dieser kann nicht noch weiter gesenkt werden.

Das führt zwangsläufig dazu, dass der viel größere Hebel das Einkommen ist. Durch simple unternehmerische Fähigkeiten haben wir unser Einkommen stückchenweise angehoben. Allen voran natürlich die Vermarktung meiner Bücher (eins davon liest du gerade :D). Das kann zweifelsfrei jeder und es führt dazu, dass der Geldeingang immer größer wird.

Lange Rede, kurzer Sinn. Verändert sich der Geldeingang, verändert sich die Verteilung im Konten System.

Das System in der Anwendung

Die Rolle des Haushaltsbudgets

Wie schon bereits mehrfach erwähnt, nimmt das Haushaltsbudget einen zentralen und wichtigen Punkt im Konten System ein. Dieses Budget ist zum Leben da. Es bringt nichts, Kategorien zu bilden für sämtliche Notfälle und die Freuden des Lebens, wenn an anderer Stelle nur Knäckebrot und Margarine gekauft werden kann.

In den letzten Kapiteln bin ich verstärkt darauf eingegangen, wie das System angewendet wird, bei einer Kostenquote höher als 50%. Das Haushaltsbudget basiert exakt auf diesen 50%. Somit verändert sich der Betrag auch bei Veränderungen der Einkommen/Ausgaben Situation.

Das ist natürlich der ideale Fall. Als Beispiel hast du Geldeingänge von 5000€ im Monat, wären 50% 2500€, welche dein Konsumbudget und gleichzeitig dein Haushaltsgeld sind. Davon lebst du, zahlst Miete, gehst einkaufen, tankst etc. Die anderen 50% sind kategorische Rücklagen. Wie schon erwähnt, ist das der absolute Idealfall.

Bis du letztlich soweit bist, musst du wieder etwas tricksen. Der Sinn besteht nun zu aller erst einen gewissen Wohlfühlbetrag festzulegen. Dieser sollte natürlich nicht zu hoch sein, aber gleichermaßen auch nicht dazu zwingen das bereits angesprochene Knäckebrot dreimal täglich zu essen.

Soviel dürfte wirklich jedem einleuchten. Es kann durchaus Sinn machen ein Haushaltsbuch zu führen. Das ist auch genau die

Vom Pleitegeier zum Adler

Empfehlung, die bei Google ausgeworfen wird, wenn Sachen wie „mit Geld auskommen" oder „Wieviel Geld brauche ich monatlich" etc. eingegeben werden.

Tatsächlich kann man das so machen. Es ist sehr aufwendig, aber durchaus nicht das Schlechteste. Schätzen ist sehr oft Fehl am Platz, da die Hälfte vergessen wird. Sehr gut helfen hier ein Zettel und Stift, wo erst einmal alles aufgeschrieben wird, was einem so einfällt.

Wie oft wird durchschnittlich eingekauft? Wieviel kostet der Einkauf? Wie oft gehst du essen und was kostet das? Kaffee auswärts, Brötchen beim Bäcker, Drogerieeinkäufe, Alkohol, Zigaretten, Grillabende im Sommer. Der Wohlfühlbetrag soll so gewählt werden, dass es sinnvoll zu einem passt.

Dabei zählt jetzt nicht wirklich, dass du jetzt aufschreibst jede Woche 5 Kaffee auswärts zu trinken, obwohl du das gar nicht so machst, nur um das Budget schön hoch zu bekommen. Ich kann dir aus eigener Erfahrung versichern, dass die anfängliche Euphorie über ein hohes Budget sehr schnell verebbt.

Wir haben den Zettel schließlich einige Wochen liegen gelassen und einfach gelebt. Wir haben gelebt, ohne auch nur auf irgendwas zu achten. Natürlich nicht maßlos und ohne sinnlose Ausgaben zu hinterfragen, sondern einfach ohne groß drüber nachzudenken. Leben halt.

Nach 6-8 Wochen hast du einen relativ genauen Überblick über dein Kosumverhalten. Unser Konsum beläuft sich auf 1200€ monatlich.

Das System in der Anwendung

Wir sind zu viert mit 2 Erwachsenen und 2 Schulkindern. Das soll keine Benchmark sein, doch vielleicht findest du eine Parallele zu dir und deinem Konsum.

Wir kommen mit dieser Summe gut zurecht. Wir müssen nicht hungern oder sparen uns auch nicht das Kino mit den Kindern am Sonntag vom Munde ab. Gleichermaßen wird das Geld auch jeden Monat alle. Es macht nämlich auch absolut keinen Sinn 3 Tage vor Monatsende noch 250€ im Portemonnaie zu haben, die dringend verprasst werden müssen. Und genau so soll es auch sein.

Sollte es dennoch so sein, dass etwas Geld über ist, transferiere ich das in den nächsten Monat. Also bringe ich nun den nächsten Monat keine 1200€ in den Haushaltspott ein sondern beispielsweise nur 1050€, weil 150€ noch da sind. Das kommt aber in den seltensten Fällen vor.

Mit dem Haushaltsbudget steht und fällt das gesamte System. Wenn du ein Budget wählst, dass viel zu niedrig ist, wirst du schnell die Lust verlieren. Natürlich musst du deine Verteilung anderes gestalten. Du musst wieder Geld abzwacken aus anderen Kategorien und mit der Zeit wird das mehr als nervig. Das kannst du vermeiden, wenn das Budget ganz einfach die richtige Größe hat.

Das ist auch nicht in Stein gemeißelt. Es kann natürlich von Zeit zu Zeit angepasst werden. Wenn du natürlich so viel verdienst, dass 50% deines Gehaltes komplett ausreichen, kannst du dir größere Rechnungen ersparen. Du bist damit schon bei der Endverteilung angetroffen. Da, wo du auch hinmöchtest.

Vom Pleitegeier zum Adler

Ich selbst bin da auch noch nicht ganz, doch wenn du etwas weiter zurückblätterst, findest du meine Zahl 94%. Diese Prozentzahl ist bereits gesunken auf unter 60%. Das ist nur eine kleine Randbemerkung, um dir zu zeigen, dass ich dir hier nicht das Blaue vom Himmel runterrede.

Das System in der Anwendung

Das Konten System in der Praxis

Ich möchte nun diese Zeilen nutzen, um das Konten System in aller Gesamtheit noch einmal zu definieren. Das möchte ich anhand einer kleinen Checkliste machen, um dir einen Einstieg zu erleichtern. Bei eventuell auftretenden Fragen liest du ganz einfach im entsprechenden Kapitel nach.

4. Du kümmerst dich um den Geldfluss. Alles, was dir Geld bringt kommt auf dein Geldeingangskonto. Damit meine ich dein Gehalt, deinen Gewinn, das Inhabergehalt (falls du selbstständig bist). Kurzum, alles, was dir irgendwie Geld einbringt. Von diesem Konto wird nur Geld verteilt und keins abgehoben. Du ziehst auf diesem Konto nur Bilanz und erkennst alle Gelder auf einen Blick.

5. Deine fixen Kosten werden von einem separaten Konto eingezogen. Alle Lastschriften und sich wiederholenden Ausgaben werden von diesem Konto abgebucht. Aus diesem Grund richtest du einen Dauerauftrag von deinem Geldeingangskonto auf das Fixkostenkonto ein. Die Höhe entspricht logischerweise exakt der anfallenden Kosten.

6. Idealerweise auf einem Visa Konto wird das Haushaltsgeld (Konsumgeld) gesammelt und verwaltet. Hier eignen sich Direktbanken, da sie keine Kosten verursachen. Das Abheben an sich ist grundsätzlich kostenlos.

7. Ein weiteres Konto zum parken und verwalten der kategorischen Rücklagen. Hier erstellst du einen Dauerauftrag in Höhe deiner Rücklagen. Optional kannst du natürlich auch die Rücklagen einzeln auf jeweils einem Konto parken. Wie du das machst, habe ich bereits in vorangegangenen Kapiteln ausführlich beleuchtet.

8. Einrichten eines Investmentdepots. Vorzugsweise natürlich bei einer Direktbank und nicht bei der örtlichen Bank. Direktbanken sind ganz einfach kostengünstiger und dort zahlst du nicht den Kaffee der Mitarbeiter extra.

Zusammenfassung:

Konto 1: Geldeingangskonto

Konto 2: Fixkostenkonto

Konto 3: Visa Konto

Konto 4: Kategorische Rücklagen

Konto 5: Investmentdepot mit Verrechnungskonto

Daueraufträge:

Nr. 1 - Geldeingangskonto an Fixkostenkonto (Höhe der Fixkosten)

Nr. 2 – Geldeingangskonto an Visa Konto (monatliches Haushaltsgeld)

Nr. 3 – Geldeingangskonto an Kategorische Rücklagen

Das System in der Anwendung

Es ist alles kein Hexenwerk. Im Prinzip war es das schon. Die Daueraufträge werden in der Regel einmal eingerichtet und dann kannst du sie nach Bedarf anpassen. Ich mache es beispielsweise alle 6 Monate oder tatsächlich nach Bedarf.

Nach Bedarf würde ich beispielsweise definieren, wenn ich einen Kredit umgeschuldet habe und nun 200€ im Monat weniger dafür aufbringen muss. Fixkosten runter, kategorische Rücklagen rauf, wir erinnern uns. Da keiner von uns erfahrungsgemäß einen Kredit relativ oft umschuldet, dürften sich solche Extreme in Grenzen halten. Ein markantes Beispiel für „Nach Bedarf" wäre auch noch ein Umzug etc. pp.

Solltest du in der glücklichen Lage sein, deine Fixen Kosten und dein Haushaltsbudget bei den idealen 50% zu haben, bist du mit der Rechnerei fein raus und es würde es theoretisch reichen einmal im Jahr sich 1-2 Stunden zu nehmen und einige Anpassungen vorzunehmen.

Adaptiere das System zu 100%

Natürlich musst du dir im Vorfeld die ein oder andere Minute nehmen, um die Geldflüsse zu analysieren, deine Ausgaben aufzulisten und alles in Kombination zueinander zu bringen. Du kannst es aber auch lassen. Du kannst deine Kohle auch nutzen, wie du willst. Wie das im Endeffekt aussieht, ist bei jedem verschieden.

Ich persönlich nutze dieses Konten System. Seit langer Zeit. Und es passt hervorragend mit unserem Leben zusammen. Wir haben für alles Geld auf der Kante, so dass uns relativ wenig juckt oder fiese Gedanken verursacht. Und nein, das hier ist nicht das Schlusswort. Ich möchte lediglich noch einmal in aller Deutlichkeit betonen, dass ich dir einerseits mit diesem Buch zeige, wie wir unsere Familie finanziell organisieren, doch das muss nicht zwingend auch dein Interesse sein. Du kannst auch sagen, was das für ein Scheiß ist und wie dumm man seine Zeit verplempern kann. Für seine Finanzen. So what, dann tu das bitte. An dieser Stelle bedanke ich mich, dass du überhaupt soweit gelesen hast. Du musst auch nicht alles prinzipiell genau wie ich machen. Jeder hat andere Präferenzen und vor allem auch andere Ziele.

TEIL 9 – DER SCHULDENKOBOLD SCHLÄGT ZU

Geiz ist geil, oder?

Ein sehr wichtiger Bestandteil im Umgang mit Geld ist ganz salopp gesagt einfach zu wissen, wie du sparen kannst, wobei du sparen kannst und was deine Kostenfresser sind.

Ich möchte in diesem Kapitel generelle, und vor allem, logische Dinge besprechen. Da ich selbst die ein oder andere Literatur zum Thema Geld und Umgang damit lese, finde ich oft Tipps wie „Denke erst nach, bevor du etwas kaufst". Boa, wundervoll, herzlichen Dank für die Erleuchtung. Da denke ich mir jedes Mal einfach nur, ob mich der Autor für dumm hält oder er nur die Wortanzahl erhöhen möchte.

Ich möchte dir nicht zeigen, wie du sparen kannst oder könntest oder solltest. Denn ich kenne dich schlicht einfach nicht und kenne auch deine Gewohnheiten oder deine persönliche Situation nicht. Vielmehr zeige ich dir, wie ich es mache und worauf ich besonderen Wert lege. Was mache ich, um meine Fixkosten gering zu halten? Was habe ich damit für einen Aufwand?

In vielen Ratgebern zu dem wirklich riesigen Thema sparen findest du allerlei Möglichkeiten, welche manchmal schon etwas kontrovers und skurril sind. Sei es nun die Berechnung, wieviel günstiger das Wasser aus dem Hahn ist im Gegensatz zu 19 Cent Flaschen bei Lidl oder den

Backofen gezielt 5 Minuten früher auszumachen und noch 10 Minuten länger die Sachen drin zu lassen... Dem Einfallsreichtum sind keine Grenzen gesetzt.

Ich persönlich habe auf sowas keinen Bock. Ganz glasklar gesagt. Viele kleine Dinge und Veränderungen führen zum Ziel. Ja, schon klar. Nur möchte ich auch noch leben und nicht die Toilettenpapierlänge messen, um sie optimal aufzuteilen. Es sind die großen Dinge, die mich interessieren und für mich relevant sind.

Ich rede hier von den Fixkosten. Diese können bis zu einem gewissen Punkt reduziert werden. Irgendwann ist damit aber Feierabend und das Ende der Fahnenstange erreicht.

Der Schuldenkobold schlägt zu

Wieder dieses blöde Haushaltsbuch

Das Haushaltsbuch, welches ich im Excel angelegt habe, ist mittlerweile mein engster Vertrauter. Excel kannst du nicht betrügen. Gnadenlos zeigt das Programm die Fakten auf. Und das ist auch der Sinn.

Nochmal ein kleiner Rückblick. Du schreibst in die linke Spalte die Kategorien bzw. die Rubriken. Meine Rubriken sind Versicherungen, Kommunikation, Haus/Wohnen, online Business, Kinderbetreuung. Wenn überhaupt ist die Einteilung in solche Rubriken, die übrigens bei dir nicht im Entferntesten genauso sein müssen, erst viel später von Belang.

Für den Anfang hat es mir immer gereicht alle Kosten untereinander aufzuschreiben. Sortieren kannst du später. Alles, was du weißt, aufschreiben. Guck dir deine Kontoauszüge an. Alles vom letzten Kalenderjahr. Du musst zwingend alles wissen. Auch die 1,99 pro Quartal für die Kalorienzähl App.

Ich möchte dir nichts vormachen. Es wird definitiv einige Zeit in Anspruch nehmen. Die Tabelle an sich muss nicht hübsch sein. Farbliche Hervorhebungen oder Fettschrift, unterstrichen und/oder andere Sperenzien kannst du im Nachhinein noch machen.

Wenn du alles eingetragen hast, siehst du nun auf einen Blick, was du zahlen musst. Anfangs habe ich dir die Vorzüge einer monatlichen Aufstellung erläutert. Es ist also wichtig, dass deine

Vom Pleitegeier zum Adler

Haftpflichtversicherung nicht 90€ im Jahr kostet, sondern 7,50€ monatlich. Du kannst es theoretisch auch auf Tageskosten oder 5 Jahres Zeiträume ausrechnen. Bei den meisten ist es aber Fakt, dass das Geld einmal im Monat eintrudelt.

Du siehst jetzt also den ganzen Monat mit allen Facetten. Erstmal kannst du dir nun selbst die Hand geben, denn das ist der größte Part überhaupt. Wenn du dich vorher noch nie eingehend mit dieser Materie befasst hast, wirst du wahrscheinlich etwas angenervt sein. Halte durch, kann ich nur sagen. Dein zukünftiger niedriger Stresspegel und der Vermögensaufbau werden dich dafür belohnen. Solltest du das Buch bis an diese Stelle chronologisch gelesen haben, wirst du diese Tabelle bereits erstellt haben und damit arbeiten.

Als ich das erste Mal alles gesehen habe, ist mir bewusst geworden wieviel ich eigentlich bezahle für gewisse Dinge. Allem voran standen die Versicherungen auf weiter Flur sehr hoch im Kurs. Um diese habe ich mich als erstes gekümmert.

Der Schuldenkobold schlägt zu

Versicherungen müssen nicht teuer sein

Ich möchte dir anhand meines Beispiels zeigen, wie ich meine Versicherungen analysiert und im nächsten Schritt den Beitrag massiv gesenkt habe. Dazu habe ich mir meine alten Versicherungsunterlagen angesehen und die Preise herausgeschrieben. Aufzeigen möchte ich dir, ganz einfach, das riesige Potential von Versicherungen in Bezug zum Geld sparen. Die Leistungen möchte ich hier bewusst außen vorlassen. Sie sind weder gestiegen, noch haben sie sich gesenkt.

Ursprünglich liefen alle Versicherungen über eine Maklerfirma. Das bedeutet nichts anderes, als dass du nur einen Ansprechpartner für alle Versicherungen hast. Dieser nimmt entsprechend Rücksprache mit der jeweiligen Versicherung.

Da ich nachhaltig selbstständiges handeln propagiere, empfehle ich dir dringend dich selbst um alles zu kümmern. Nur weil du heutzutage alles auslagern kannst, musst du es noch lange nicht machen. Es geht auch darum ein Händchen für die eigenen Angelegenheiten zu bekommen.

Vom Pleitegeier zum Adler

Die Kosten einer Versicherung kontrollieren

Jede Versicherung kostet Geld. Logisch. Teilweise ist es jedoch so, dass die Preise mitunter wahnsinnig auseinanderklaffen. ...

Generell zahlt der Durchschnittsmensch seine Versicherungen sehr oft monatlich. Den wenigsten dürfte bekannt sein, dass viele Versicherungsgesellschaften dafür Gebühren erheben. Das ist die zweite Stellschraube. Der Aufschlag kann durchaus 8% auf den Jahresbetrag betragen.

Das ist aber erst die zweite Stellschraube. Die erste und unser Start in das Kontensystem ist der Wechsel der Versicherung an sich. Dieses Prozedere ist absolut essenziell. In naher Zukunft wird es Apps geben, die genau das den Menschen abnehmen.

Sie prüfen Alternativen zur aktuellen Situation und wechseln intuitiv den Anbieter. Noch ist es aber nicht so weit bzw. noch nicht voll ausgereift. Also machen wir uns selbst ans Werk.

Jeder hat eine Versicherung. Und meistens nicht nur eine, sondern gleich mehrere. Soweit ist das auch ok. Jeder verfolgt sein eigenes Sicherheitsbedürfnis und möchte sich abgesichert wissen.

Anhand meiner eigenen Versicherungen zeige ich dir nun, wie ich bei Optimierungen vorgegangen bin und es immer noch so mache. Ich nehme plakativ die 3 Versicherungen als Beispiel, welche relativ gängig sind und die so ziemlich jeder hat.

Die Rede ist von der Hausratversicherung, der Haftpflichtversicherung (das ist im Übrigen die wichtigste Versicherung, die es gibt) und der Rechtsschutzversicherung. Als Hauseigentümer könnte ich durchaus auch ein Beispiel mit einer Wohngebäudeversicherung anführen, jedoch ist das nicht transparent genug. Nicht jeder besitzt Eigentum.

Das primäre Ziel ist nicht wirklich einfach nur bestehende Versicherungen durch billige auszutauschen, sondern vielmehr dieselben Leistungen zu haben oder vielleicht sogar bessere. Der Faktor günstiger rundet das Ganze dann ab.

IST Bestand:

- Die Hausratversicherung kostet 13,87€ im Monat
- Privathaftpflicht für 2 Kinder unter 7 kostet monatlich 12,28€
- Rechtsschutz (Privat, Beruf, Verkehr) kostet 32,63€ pro Monat

Über die Jahre hinweg habe ich immer wieder Versicherungsprämien gedrückt, habe die Anbieter gewechselt und war auch sonst immer den günstigen Preisen entgegengegangen. Aus diesem Grund sind das nicht meine genauen Zahlen, da ich mich nicht mehr genau erinnern kann. Sie sind diesen aber tatsächlich sehr ähnlich.

Vom Pleitegeier zum Adler

Bei meinen Recherchen habe ich ganz einfach nur die gängigsten Anbieter der Versicherungslandschaft angeschaut. Alle haben wunderbare Internetpräsenzen, wo ganz simpel Preise für einzelne Versicherungen simuliert werden können. Natürlich besteht die Möglichkeit über einen Makler etc. einen besseren Preis zu bekommen, doch ich möchte es so transparent wie möglich aufzeigen. Daher der Preis, wie aufgezeigt.

Ich habe schon einige Unterhaltungen geführt, die offenlegen, dass sehr viele in dem Glauben sind „Es ist halt so" und „Kann ich eh nicht ändern". Natürlich sind diese Versicherungen sinnvoll und auch sehr wichtig. Man denke nur an die Folgen einer fehlenden Haftpflichtversicherung, wenn jemand ernsthaft zu Schaden gekommen ist. Darum soll es aber gar nicht gehen. Denn natürlich kann ich das ändern, und sogar recht simpel.

Es gibt grundsätzlich die 2 Stellschrauben zum senken der Versicherungskosten. Die Zahlweise und der Anbieter. Ganz wichtig war mir damals einfach nur, dass sich nichts ändert. Alle Leistungen sollen gleich sein und ich wollte keine Abstriche machen.

Der Schuldenkobold schlägt zu

Änderung der Zahlweise

Angefangen habe ich damit vorerst beim Anbieter zu bleiben und <u>nur</u> die Zahlweise zu ändern. Ich habe dir bereits gesagt, dass 8% bei manchen Versicherungen eine gängige Aufschlagsgröße sind. Ein Beispiel vorab gefällig? Gerne: Deine KFZ Versicherung kostet dich solide 40€ pro Monat. Stellst du deinen Vertrag nun um auf jährliche Zahlung, kostet es dich 441,60€.

Viele möchten so viel nicht auf einmal aufbringen und lassen es von vornherein. Kann ich manchmal sogar verstehen. Gerade, wenn es um große Summe, wie beispielsweise bei einer Berufsunfähigkeitsversicherung geht.

Der Vorteil liegt aber auf der Hand. Es kostet nun keine 40€ mehr im Monat, sondern 36,80€. Es geht nicht um die plakativen 3,20€ Ersparnis, sondern vielmehr ums Prinzip. Wie viele Versicherungen hast du? 10 und mehr ist keine Seltenheit bei den meisten.

Das Prinzip habe ich auf meine Versicherungen angewendet und dazu meinen Makler angerufen. Dieser fragte mich, ob ich sicher sei und es mir gut überlegt habe. Das machen Makler nun mal so. Es gibt nicht sehr viele, die das Prinzip der Einmalzahlung nutzen, wenn es auch monatlich geht. Das Telefonat war in 5 Minuten durch und voller Stolz habe ich die Summen in meiner Tabelle geändert.

NEUER IST-BESTAND:

- Die Hausratversicherung kostet nun 153,12 € im Jahr
- Die Privathaftpflichtversicherung kostet jährlich nun 135,57 €
- Rechtsschutz kostet pro Jahr nun 360,24 €

Insgesamt zahle ich also für die 3 Versicherungen 56,43 € weniger wie zuvor. Mit einem Anruf. Monatlich macht das 4,70 € aus. Das ist nun schon die halbe Miete. Nun hatte ich Blut geleckt, da ich gesehen habe, dass es funktioniert. Also habe ich mich daran gemacht, den Anbieter zu wechseln.

Der Schuldenkobold schlägt zu

Wechsel der Versicherungsgesellschaft

Es geht definitiv nicht um einen Wechsel zum billigsten Dumping Anbieter in bester „Geiz ist Geil" Manier, sondern vielmehr um sinnvolle Kostenreduzierung der Prämie. Das ist die oberste Priorität bei Wechselaktionen. Die Leistung muss definitiv gleichbleiben oder unter Umständen sogar besser werden.

Es macht also keinen Sinn die vereinbarte Leistung einer Berufsunfähigkeitsversicherung von 2000€ auf 1500€ zu reduzieren, nur um die Kosten an sich zu reduzieren. Das wäre tatsächlich völliger Nonsens.

Um den Wechsel anzustoßen, treibe ich mich nach wie vor auf Vergleichsseiten im Netz herum. Allem voran check24. Es gibt sicherlich noch andere Portale, die genauso gut sind. Hier hatte ich noch nie Probleme.

Es wird generell bei den Portalen für alles gesorgt. Hast du dich erstmal für einen Anbieter entschieden, musst du nicht einmal die alte Versicherung kündigen. Das macht nun das Portal für dich und kümmert sich um den Schriftverkehr. Du kannst deine Versicherungspolice dann herunterladen oder bekommst sie vom neuen Anbieter zugeschickt. Fertig, das war es schon.

Im Vorfeld solltest du die Leistungen vergleichen und eventuell gegenüberstellen. Du findest sicherlich den optimalen Anbieter in sehr kurzer Zeit. Das garantiere ich dir sogar. Diverse Filtermöglichkeiten kannst du in Anspruch nehmen, was dir die Entscheidung auch noch einmal etwas leichter macht.

Solltest du gar nicht klarkommen, kannst du dort immer anrufen. Für jeden Versicherungszweig gibt es einen direkten Ansprechpartner. Dieser wird dir auf der aktuellen Seite grundsätzlich angezeigt. Nach ein paar Sätzen sucht der Mitarbeiter dir etwas heraus und es kann los gehen.

Mit ein paar Klicks habe ich die 3 Versicherungen nun auch gewechselt und konnte so die Kosten dafür wirklich extrem reduzieren. Neben den riesigen bekannten Versicherungsunternehmen gibt es zahlreiche „Kleine", die sich aber trotz allem nicht verstecken müssen. Die Leistungen sind ganz oft absolut identisch, nur wird hier auf den riesigen aufgeblähten Verwaltungsapparat verzichtet und sich auf das Kerngeschäft, nämlich das versichern, konzentriert.

NEUER IST-BESTAND:

- Die Hausratversicherung kostet nur noch 73,97 € im Jahr
- Die Privathaftpflichtversicherung kostet jährlich nun 62,74 €
- Rechtsschutz kostet pro Jahr nun 227,98 €

Somit schließt sich der Kreis. Zusammen zahle ich nun also 364,70 €. Rechne ich das ganze durch 12, also auf den Monat, kostet mich der Spaß 30,39 € pro Monat. Anfangs haben die 3 Versicherungen exorbitante 705,35 € gekostet (monatlich 58,78 €). Jetzt sind es monatlich 28,39€ weniger.

Der Schuldenkobold schlägt zu

Ich persönlich finde, dass es fast keinen einfacheren Weg gibt, erste Erfolge bei der Optimierung seiner Finanzen zu realisieren. Das Beispiel zeigt es realistisch auf. Das sind meine eigenen Erfahrungen, meine eigenen Versicherungen und auch die reellen Beträge dazu. Die € Beträge habe ich mir nicht ausgedacht, sondern aus meinen alten Ordnern und Evernote Aufzeichnungen entnommen.

Wie lange dauert die Optimierung einer Versicherung?

Sehr viel fehlt an 30 € Einsparung nicht wirklich. Das ist für mich auch kein sparen an sich, sondern sinnvolle Optimierung des Potenzials. Nun muss jeder bedenken, dass je nach Risikopräferenz auch noch andere Versicherungen gezahlt werden. Allen voran natürlich die KFZ Versicherung. Dazu kommen Unfall, Wohngebäude, Glas, Zähne etc. Versichern kann man sich gegen fast alles.

Und mal ganz ehrlich, wie lange braucht man, um diese Veränderungen hervorzurufen? Ein Anruf beim aktuellen Anbieter kostet eventuell 10 Minuten. Und das mit der Warteschleife zusammen. Der Wechsel an sich dauert das erste Mal etwas länger. Geschätzt würde ich sagen 30 Minuten pro Versicherung.

Auf der Internetpräsenz des Vergleichsportals muss jeder sich anfangs zurechtfinden. Das ist bei neuen Sachen ganz einfach so. Es dauert trotzdem nicht sehr lange, um sich einen Überblick zu verschaffen.

Um die Versicherung letztendlich final zu „verbessern" dauert es in etwa 30 Minuten. Der Stundenlohn haut einen dabei jetzt nicht aus den Socken, doch die langfristige Ersparnis ist es allemal wert.

Fitnessstudio

Diese erfreuen sich immer mehr Beliebtheit, was generell auch absolut super ist. Ich selbst bin 2-3-mal die Woche mit Lang und Kurzhanteln unterwegs und könnte es mir nicht mehr wegdenken mich einfach „auszupowern".

Prinzipiell ist das hier kein Buch über die körperliche Fitness, sondern ein Finanzratgeber. Aus diesem Grund möchte ich dir nun erklären, wie die Zahlungssysteme eines Studios funktionieren und wie du sie aushebeln kannst.

Irgendwann kam der Tag, an dem ich mich aufgerafft habe und mich an den Anmeldetresen des Studios gestellt habe. Direkt habe ich anfangen können mit einem Probetraining und einem 7 Tage Probezeitraum. Nach Ablauf dieser 7 Tage würden wir uns dann um den Vertrag kümmern.

Und so kam es auch. Der Vertrag wurde unterschrieben und es ging los. Die Kosten sind recht überschaubar, weswegen mich das jetzt nicht tagelang schlecht schlafen ließ. Trotzdem habe ich mir Gedanken über die Kosten gemacht.

Was kostet ein Gym?

Die Preise gehen logischerweise recht weit auseinander. Das Studio, in das meine Frau und ich gehen, ist relativ groß und hat 24 stunden geöffnet. Trotzdem sind die Preise human. Anfangs haben wir den „normalen" Beitrag bezahlt, welcher an sich schon gering ist mit 24,90€.

Es gibt auf der Preisliste nicht sehr viele Optionen. Warum auch, es ist immerhin ein Fitnessstudio und kein Friseursalon. Die Möglichkeiten sind unter anderem „monatliche Zahlung" und jährliche Zahlung im Voraus. Sogar 2 Jahre im Voraus kann gezahlt werden.

Der Großteil, ich würde jetzt schätzen 95%, zahlt den Beitrag monatlich. Meine Frau und ich haben es anfangs auch so gemacht. Es ist auch unumstritten die einfachste Art. Doch es geht auch anders.

Wie kann ich den Beitrag senken?

Wie auch bei den Versicherungen gibt es zwei Hebel. Zum einen ist es die Laufzeit und zum anderen die Zahlungsart. Der Standartvertrag geht über ein Jahr und kostet die angesprochenen 24,90 €. Ein Vertrag über 24 Monate kostet hingegen nur noch 19,90 € monatlich. Die 5 € sind also schonmal wieder drin.

Da wir das volle Potenzial ausreizen, kümmern wir uns nun um die Vorauszahlung. Unser Studio gibt auch einen weiteren Rabatt für die

Der Schuldenkobold schlägt zu

Vorauszahlung von zwei Jahren, allerdings nur einmalig nach der ersten Anmeldung, deshalb orientieren wir uns an 12 Monaten.

Der Vertrag für 12 Monate kostet 210 €. Das klingt wieder recht viel, doch durch 12 geteilt ergibt es einen monatlichen Aufwand von 17,50 Euro. In Relation zum „normalen" Preis bei monatlicher Zahlung ist die Ersparnis 7,50 €. Das Ganze natürlich mal 2, da meine Frau und ich gemeinsam ins Fitnessstudio gehen.

Du siehst also, es ist kein Hexenwerk. 15€ pro Monat haben oder nicht haben.

Kosten senken ist nicht wirklich ein Problem

Mit den Beispielen der Versicherungen und auch des Fitnessstudios habe ich dir aufgezeigt wie wirklich simpel es ist, ganz einfach weniger zu bezahlen. Der Aufwand ist minimal und manchmal echt ein Witz. Man muss es einfach nur TUN.

Die Beispiele sind plakativ zu betrachten. Denn es geht nicht um eine Versicherung an sich, sondern vielmehr um die Vertragsform. Ich hätte als Beispiel auch ein Jahresabo für eine Google Cloud nehmen können. Monatlich zu zahlen kostet immer mehr als jährlich. Das ist Fakt.

Sicherlich ist es manchmal nicht leicht erst einmal den ganzen Betrag vorzuschießen, doch langfristig macht es mehr als Sinn. Es ist Geld, was sonst verbrannt wird. Davon hat keiner was, außer der, der es bekommt.

Das Prinzip kann also ganz einfach auf sämtliche Verträge angewandt werden. Angefangen bei Versicherungen über Mitgliedsbeiträge bis hin zu Abos usw. Laufzeit und Zahlungsart sind der Schlüssel zu weniger Kostenaufwand. Das war schon immer so und wird auch so bleiben.

TEIL 10 – DER GOTT DER SPARSAMKEIT

Zeitlose Tipps zum Thema sparen

In keinem Ratgeber zum Thema Geldverwaltung und Geld-Mindset wird nicht das Thema sparen behandelt. Denn sparen ist der Schlüssel zum Erfolg. Verzicht ist nur temporär, denn wer lange genug spart, wird eines Tages die Früchte ernten und in absolutem Überfluss leben...

Oh mein Gott, selbst beim schreiben dieser Sätze könnte ich mir an den Kopf fassen. Sparen ist wichtig, überhaupt keine Frage. Doch das Sparen an sich versetzt mich nicht wirklich in völlige Ekstase, wenn ich nur daran denke. Ich habe immer etwas zur Seite gelegt, manchmal auch viel zu viel. Und genau darin liegt der Fehler. Wenn du zu viel sparst, vergeht dir die Lust daran.

Ich bringe gerne das Beispiel mit dem Toilettenpapier an dieser Stelle. Es gibt tatsächlich Menschen, die die Blätter des Klopapiers abzählen. Beispielsweise nehmen sie dann maximal 6 Blätter pro großem Toilettengang. Tut mir leid, aber genau sowas definiere ich als krank. Sparen in allen Ehren aber übertreiben muss man es nicht.

Es soll und muss eine Balance gefunden werden zum optimalen Wohlbefinden. Du musst dich wohl fühlen. Am Sterbebett, wenn du auf dein Leben zurückblickst, wirst du nicht sagen, dass du traurig bist nicht mehr gespart zu haben oder noch länger auf der Arbeit sein wolltest. Keiner macht sowas. Und genau das sollten wir uns alle ins Gedächtnis rufen und wirklich ernsthaft radikal ehrlich zu uns selbst sein. Das Leben ist einfach zu kurz für Sperenzien seitens der optimalen Sparrate und dem hinterherjagen der Tipps von selbsternannten Gurus wie „spare 10%, spare 50%, spare so und so viel, investiere in dies". Finde die Balance.

Der Gott der Sparsamkeit

Sparfibeln sind nicht sinnvoll

Ich habe bereits wirklich einige „Ratgeber" zum Thema sparen gelesen und kann mit absoluter Gewissheit sagen, dass mindestens die Hälfte der Spartipps absolut stupide und unsinnig sind. Ich möchte damit keinem zu nah treten, wirklich nicht. Ich möchte hier bewusst die Tipps ansprechen, die immer mal wieder auftauchen in diesem Zusammenhang.

- Schneide die Zahnpastatube quer auf und nimm die Reste mit einem Ohrenstäbchen heraus. Auf diese Weise bekommst du noch einige Putzvorgänge geregelt.
- Nutze jeden Teebeutel zweimal, um auch wirklich alles herausgeholt zu haben
- Trinke keinen Schluck Alkohol und rauche niemals Zigaretten
- Fahre ausnahmslos mit dem Fahrrad, sowohl zur Arbeit, zum einkaufen und auch in der Freizeit. Solltest du auf dem Land wohnen, machen 20 Km mehr oder weniger nicht viel aus. Denk an deine Fitness.
- Zahle nicht für ein Fitnessstudio. Denk an dein Fahrrad.

Wenn du jetzt denkst, ich habe einen an der Waffel, kann ich dich beruhigen. In gewisser Weise zwar schon aber nicht in dem Maß. Diese Tipps kannst du in einschlägiger „Literatur" immer wieder in der einen oder anderen Form lesen. Natürlich ist das nicht wirklich sinnvoll.

Vom Pleitegeier zum Adler

Kein halbwegs normaler Mensch zerschneidet seine Zahnpasta, um da noch was rauszuholen. Es sei denn, dieser jemand ist Hardcoresparer.

Diese extreme Art des Sparens und des Verzichts nennt man heute gerne minimalistisch. Sich auf das wesentliche beschränken. In gewisser Weise macht das ja durchaus Sinn, doch ich denke beispielsweise nicht im Traum dran bei einem halben Meter Neuschnee mit dem Fahrrad zur Arbeit zu fahren und meine nassen Klamotten in meinen Mini-Spind zu stopfen, damit alles schön klamm wird.

Der Gott der Sparsamkeit

Finanzkalender

Was genau ist der Sinn eines extra Kalenders für die Finanzen? Das ist recht simpel. Was du nicht siehst, daran musst du auch nicht explizit denken. Mittlerweile ist es wirklich sehr einfach seine Termine zu managen, zu erstellen und zu pflegen. Ob du es mit einem Wandkalender machst oder online, spielt dabei eher eine untergeordnete Rolle.

An dieser Stelle möchte ich dir jedoch wärmstens empfehlen dich auf die online Varianten zu fixieren, da diese sehr viel intuitiver und auch einfacher sind. Der Wandkalender geht natürlich auch, doch dieser ist tatsächlich sehr viel unübersichtlicher.

Viele Apps bieten sich für die Umsetzung an, doch mich hat im Laufe der Zeit der Android Kalender überzeugt. Deshalb habe ich ihn nun uneingeschränkt in Gebrauch.

Ich habe angefangen indem ich mir zu jeder einzelnen Versicherung und zu jedem Vertrag, welchen ich habe, alle relevanten Daten aufgeschrieben habe. Kundennummern, Vertragsnummern, Ablaufdaten, Kündigungsfristen, einfach alles. Das war alles eine einmalige Sache. Mitunter auch wirklich nervig, weil ich zu manchen Verträgen gar nicht alle Dokumente gefunden habe.

Irgendwann hatte ich aber alles zusammen und habe gezielt angefangen die Verträge mit Terminen zu versehen. Habe ich als Beispiel einen Haftpflichtversicherungsvertrag, der in 4 Jahren am 30.06. endet, erstellte ich Termine für 6, 5 und 4 Monate vorher. Die Kündigungsfrist beträgt 3 Monate, deswegen die lange Zeit davor als Termin eine Erinnerung.

In diese Erinnerung kommen alle Daten zu dem jeweiligen Vertrag. Alle markanten Informationen schreibe ich hier rein. Angefangen mit der Vertragsnummer, der Laufzeit bis zur Beitragshöhe. Dieses Prozedere habe ich mit jedem einzelnen Vertrag gemacht und bin seitdem wesentlich entspannter. Im Leben würde ich nicht an alle Ablaufdaten etc. denken können. Das kann so ziemlich keiner, den ich kenne. Das fällt dadurch ganz einfach weg.

Der Sinn ist ganz einfach, dass ich seit der Terminvergabe nie wieder Kündigungstermine versäumt habe. Durch das recht große Zeitfenster kann ich mich ganz in Ruhe darum kümmern den Vertrag auf den Prüfstand zu stellen. Eventuell haben sich unsere Präferenzen geändert oder ich gehe auf die Pirsch nach einem günstigeren Anbieter. Was auch immer. Die Zeit ist da und alle Informationen sind auf einen Blick abrufbar.

Apps zum Verwalten der Versicherungen

Unsere Technik und damit auch die Möglichkeiten entwickeln sich wirklich sehr schnell. Im Laufe der letzten Jahre hat sich ein Maklersystem etabliert, welches für die Versicherungen genutzt werden kann. Diese Versicherungsmanager möchte ich hier nicht beim Namen nennen, denn es werden sicher noch einige dazu kommen, weshalb eine konkrete Empfehlung an dieser Stelle keinen Sinn macht.

Ich habe den aktuellen Marktführer bereits ausprobiert und muss sagen, dass ich absolut zufrieden bin. Ich muss dazu sagen, dass ich, bedingt durch meine Eigeninitiative sowieso seit etlichen Jahren keinen Versicherungsmenschen mehr habe (in Fachkreisen nennt man diese Personengruppe auch Vertreter in einer Generalagentur). Daher kenne ich das Prinzip sehr gut, mich um alles selbst zu kümmern.

Bei den Apps ist das annähernd genauso. Habe ich einen Schadenfall fungiert die Serviceabteilung der jeweiligen App als Vermittlungsstelle zwischen mir und der Versicherung. Die App ist gleichzeitig auch ein Makler. Das bedeutet nichts anderes, als dass sie daran etwas verdienen, wenn ich als Kunde die Versicherung ändere oder wechsle. Mir persönlich ist das relativ egal, da ich davon ja im Endeffekt profitiere. Einerseits bekomme ich immer den besten Preis und kann ohne Probleme nachvollziehen warum ich wieviel Geld wem denn so alles bezahle.

Vom Pleitegeier zum Adler

Im Netz kursieren viele Kritiken bezüglich Datenaustausch und Datensammlungen, ausspionieren und, und, und. Mal ganz ehrlich, sobald ich mein Smartphone das erste Mal anmache, bin ich online dabei. Machen wir uns doch da bitte nichts vor.

Ich habe bislang nur die Autoversicherungen und Tierhaftpflicht über die App verwaltet, doch ich werde in Kürze alle integrieren, da der Service für mich einfach unschlagbar ist. An dieser Stelle weise ich nochmal darauf hin, dass ich lediglich von mir spreche und dass meine Meinung darüber nicht die breite Masse spiegeln muss und wahrscheinlich auch nicht wird. Ich für meinen Teil bin froh, dass die moderne Technik mittlerweile so weit ist. Damit schaffe ich mir eine Menge Zeit und Ärger vom Hals.

Der Gott der Sparsamkeit

Versorgung mit Strom und Gas

Natürlich darf DAS in keinem Ratgeber über Geld und dem Umgang damit fehlen. Heizung und Strom ist nun einmal unverzichtbar. Zweifelsohne waren das auch meine ersten Aktionen, als ich begonnen habe mit den Finanzen besser umzugehen bzw. es zu wollen.

Jeder braucht die Heizung, um keinen kalten Hintern zu bekommen und Strom dazu ist nicht zu vernachlässigen. Das dürfte jedem einleuchten. Die Preise dafür sind aber wirklich sehr unterschiedlich. Ich zähle diese Kosten immer gerne zu den „sowieso" Kosten. Ich muss diese sowieso bezahlen, ob ich das nun gut finde oder nicht.

Da ich nicht drum herumkomme, kann ich mich aber trotzdem intensiv mit der Materie beschäftigen. Wenn ich manche Unterhaltungen führe oder vielleicht auch beiläufig mitbekomme, in denen davon die Rede ist, dass ja zum 01.10. die Stadtwerke den Gaspreis erhöht haben und was das nicht für ein Mist ist und man ja nichts gegen machen kann…da könnte ich manchmal laut loslachen.

Ich bin keinesfalls ein Guru oder irgendwas in der Richtung. Doch ganz ehrlich, eine Preiserhöhung hinnehmen? Niemals. Diese Erkenntnis hatte ich logischerweise auch nicht schon am Anfang meines Erwachsenwerdens in der ersten Wohnung. Und dabei ist es so einfach!

Vom Pleitegeier zum Adler

Energie vom Grundversorger?

Das Hauptproblem ist grundsätzlich, dass die Grundversorgung als die ultimative Referenz gesehen wird. In vielen Köpfen schwirrt der Gedanke herum sich diesem Unternehmen irgendwie erklären zu müssen. Diese Denkweise ist häufig bei der älteren Generation zu finden. Weist man sie auf die Vorzüge eines Energieanbieterwechsels hin würden sie argumentieren, dass das schon ok so ist. Der jetzige Versorger, beispielsweise die örtlichen Stadtwerke, wird das sicher gar nicht gut finden, wenn ich dort kündige und einfach woanders hingehe.

Natürlich findet er das nicht gut. Denn wir sind alles Kunden. Nur eine Nummer. Mit uns wird Geld verdient. Fertig. Das ist alles.

Die Grundversorgung ist der teuerste Tarif, den es gibt. Das gilt ausnahmslos für alle Energiearten, sei es Strom oder Gas. Sie tritt immer dann in Kraft, wenn man neu in eine Wohnung einzieht bzw. man sich nicht aktiv darum kümmert. Entgegen einiger Meinungen wird es nie dazu kommen im Dunkeln zu sitzen. Egal, ob man gerade frisch einzieht, den aktuellen Anbieter wieder wechselt oder was sonst noch passieren kann.

Der Gott der Sparsamkeit

Strom und Gas Wechselvorgang

Bei der Energie ist anfangs ein sehr großer Hebel vorhanden, was die Ersparnis angeht. Unsere Familie hat einen Verbrauch von ca. 3500 kWh Strom. Das ist keine Seltenheit, sondern eher der Mittelwert für eine Familie. Natürlich waren auch wir beim Grundversorger, wie jeder nach Einzug oder Umzug.

Für diese 3500 kWh haben wir 1030€ gezahlt, welche in 11 Abschlägen abgebucht wurden. Monatlich also knapp 93,50€. Das war mir natürlich ein Dorn im Auge, deswegen habe ich mich auf die Pirsch begeben und einen neuen Anbieter gesucht. Übertreiben möchte ich an dieser Stelle keinesfalls, doch länger wie 20 Minuten dauert das nicht. Definitiv.

Nachdem ich online den neuen Anbieter ausgesucht habe, übernimmt dieser sogar den gesamten Wechselprozess. Er kündigt den alten Anbieter und ich bekomme im Endeffekt nur noch die Informationen, die ich brauche, wie beispielsweise die Abschlagshöhe.

Der Preis ist nach dem wechseln sehr viel weniger geworden. Wir mussten noch 763€ bezahlen, was einem monatlichen Abschlag von 69,36€ entspricht. Mal eben 24€ weniger im Monat. Für 20 Minuten Arbeit diese Ersparnis, ist schon beachtlich.

Das Ganze habe ich für den Gasanbieter auch gemacht und hatte eine Einsparung von 19€. Zusammen konnte ich durch diesen, wirklich simplen, Vorgang 43€ frei machen. Mit den Energieanbietern würde

Vom Pleitegeier zum Adler

ich persönlich immer als erstes anfangen. Diese Ersparnis schaffe ich auch mit fast keiner Versicherung.

TEIL 11 – DIE REISE BEGINNT

Drei Buchstaben für den Erfolg

Ja, die Überschrift ist in der Tat etwas irreführend. Doch es sind tatsächlich 3 Buchstaben, die sinnbildlich und inhaltlich das absolut Wichtigste überhaupt sind. Diese sind T U N. Es ändert sich nichts von allein. Es kommt keiner mit der goldenen Schaufel und legt mir das Geld vor die Tür und es fragt auch keiner ob es denn etwas mehr sein kann, wenn es denn mal nicht reicht.

Diese Erkenntnis solltest du und auch jeder andere schnellstmöglich realisieren. Mir ist durchaus bewusst, dass gerade Geld und alles was damit zusammenhängt ein total trockenes Thema ist. Für manche ist es eine tierische Überwindung sich damit auseinander zu setzen. Trotz allem ist es essenziell wichtig. Wir leben nun einmal in einer Gesellschaft, in der Geld gebraucht wird. Da beißt keine Maus den Faden ab.

Es ist ganz einfach wichtig zu wissen, wieviel Geld ich habe, wofür ich es ausgebe, wieviel ich ausgebe, was meine Präferenzen sind usw. Wir Deutschen sind ganz einfach geldblöd. Dieser Begriff steht sicherlich in keinem Lexikon, trifft den Nagel aber auf den Kopf.

Wir bekommen alle eine gewisse Art der Allgemeinbildung durch unser Schulsystem mitgeteilt. Wir lernen Daten verschiedener Taten und Vorkommnisse bedeutender Personen und können Wurzeln aus großen Zahlen berechnen. Ableitungen, Dezimalrechnungen und Funktionen sind mathematisches Grundwissen. Dazu kommt natürlich eine Erörterung mit allen Facetten eines uralten Klassikers. Wir müssen über alles Bescheid wissen. Das ist wichtig wird uns immer wieder suggeriert.

Wichtige Themen finden jedoch keinen Platz in der Schulbildung. Ich habe in keinem Schulfach beigebracht bekommen wie ich ein Girokonto eröffne, oder wie ich einen Freistellungsauftrag beantrage, um nicht ganz so viele Steuern auf Kapitalerträge abzuführen. Da ich gerade dabei bin. Eine Steuererklärung… habe ich auch nicht gelernt. Informationen warum und wieso eine Haftpflichtversicherung von Nöten ist oder was eine Berufsunfähigkeitsversicherung ist, fehlen ganz einfach.

Ich könnte lange so weiter machen, aber ich denke die Kernaussage kommt ganz gut rüber. Wir lernen viel, aber das wirklich wichtige bringen wir uns selbst bei in Eigenregie. In unserem eigenen Tempo. Wir müssen also alle selbst dafür sorgen, dass wir finanzielle Dinge besser verstehen. Es kommt leider keiner auf uns zu, außer Verkäufer, die nur „unser Bestes" wollen.

Die Reise beginnt

Die Transformation ohne Schmerzen

Grundsätzlich sind wir Menschen so gestrickt, dass wir erst etwas ändern, wenn es schon fast zu spät ist. Eine Minute vor 12, um es bildlich auszusprechen. Das ist im Grunde eine ganz normale Reaktion und Verhaltensweise, da wir Routinen etabliert haben und diese lieben. Wir möchten natürlich so gut es geht in unserer Komfortzone bleiben. Um sich vernünftig um seine eigenen Finanzen zu kümmern muss man sich am Anfang sprichwörtlich selbst in den Hintern treten und einfach anfangen. Beginnen. Starten. Loslegen.

Im Laufe dieses Buches habe ich dir gezeigt, wie ich meine Finanzen als Familienvater verwalte und wie mein Weg dahin war, es genauso zu machen. Wichtig zu wissen ist einfach, dass man nie ganz fertig wird. Es ist alles ein Prozess. Erfahrung ist das beste Lernmittel. Gerade im Zusammenhang mit Finanzen ist die Erfahrung am meisten wert.

Ich habe irgendwann den Punkt gefunden einfach anzufangen. Diesen muss jedoch jeder für sich selbst finden. An dieser Stelle möchte ich noch einmal betonen, dass ich weder ein Guru noch ein „Tschaka, du schaffst es Typ" bin. Die aufgezeigten Systeme entstammen meinem Verständnis und meiner Logik. Dieses muss nicht zwingend mit dir, deinen Verhaltensweisen oder deiner Überzeugung übereinstimmen.

Falls du den schmerzlichen Punkt erreicht hast, an dem du sagst, dass es so nicht weiter gehen kann, versuch doch einfach was Neues und nimm mein System als Anhaltspunkt. Wenn du alles genauso machen

Vom Pleitegeier zum Adler

möchtest wie ich, ok. Wenn du nur Teile davon umsetzen möchtest, auch ok. Wenn du alles als Schwachsinn empfindest und nichts davon machen möchtest, ist das auch in Ordnung. Finde für dich den Weg, denn es gibt keinen pauschalen Weg, sondern nur den individuellen.

Kümmere dich um deine Kohle.

Die Reise beginnt

Epilog

Du hast das Buch bis zu diesem Punkt gelesen. Dafür möchte ich mich in aller Form bei dir bedanken. Es bedeutet mir wirklich sehr viel, dass meine Worte gelesen werden und ich mich mitteilen kann. Du bist nun am Ende angelangt. Vielleicht konnte ich dir mit meinen Worten einige Impulse setzen und dich zum nachdenken bringen.

Es gibt wahnsinnig viele Bücher, die das Thema Finanzen und Geldverwaltung behandeln. Ich selbst habe schon so viele davon gelesen, dass ich die genaue Zahl gar nicht mehr weiß. Vielleicht geht es dir ja auch so. Ich persönlich bin von dem System und dem Konzept meiner Geldverwaltung uneingeschränkt überzeugt und habe bislang nie etwas vergleichbares gelesen.

Aus diesem Grund habe ich dieses Buch geschrieben. Um zu zeigen, dass Geldverwaltung kompliziert sein kann oder eben auch nicht. Da es „mein System" ist, wird es vielleicht nicht für jeden funktionieren. Das dürfte klar sein und auch logisch. Ich habe bereits einige Bücher im Bereich der finanziellen Organisation geschrieben, jedoch habe ich meine persönliche Situation da immer nicht ausführlich besprochen.

Durch die zahlreichen Beispiele meiner realen persönlichen Situation hoffe ich, dir das eine oder andere authentischer rübergebracht zu haben, als mit erfundenen Ausgangssituationen.

Da ich mich langfristig als Autor etablieren möchte, wäre es für mich ein absoluter Traum, und vor allem ein wahnsinniger

Vom Pleitegeier zum Adler

Vertrauensbeweis, wenn du mir eine Rezension bei Amazon schreiben würdest. Diese muss nicht zwingend 5 Sterne enthalten. Logischerweise würde ich es schöner finden, doch das bleibt dir überlassen. Das dauert keinesfalls lange. Ein paar Wörter reichen da schon. Auf diese Weise gibst du mir ein Feedback, woran ich erkennen kann, ob ich mich auf dem richtigen Weg befinde oder geistige Diarrhoe schreibe. Du zeigst mit deiner Rezension auch neuen eventuellen Lesern, ob dieses Buch für sie interessant ist oder nicht.

Ich möchte an dieser Stelle darauf hinweisen, dass ich weder Literatur studiert habe noch im Verlagswesen aktiv bin oder sonstiges. Das vorliegende Buch habe ich selbst verlegt als sogenannter Self Publisher. Falls du nicht mehr weißt, was das ist, lies einfach in dem Kapitel dafür noch einmal nach.

Hinter mir steht kein Verlag, kein Agent, kein Lektorat etc. Alles stammt aus meiner Feder und wurde ohne irgendwelche Hilfe produziert. Auch die Korrektur habe ich selbst durchgeführt. Aus diesem Grund sieh es mir bitte nach, wenn du vereinzelt kleinere Rechtschreibfehler, nicht korrekte Zeichensetzung oder auch grammatikalisch unkorrekte Formulierungen findest. Bitte nimm in diesem Fall nicht gleich eine negative Rezension in Anspruch.

Sollte dir das Buch gar nicht gefallen haben, lass es mich bitte wissen. Schreib mir eine Mail an **boris.ponitka@web.de**. Schreib mir bitte auch warum genau es dir nicht gefallen hat, was du vermisst hast oder was du dir anderes gewünscht hättest. Das sind für mich sehr wichtige

Die Reise beginnt

Informationen, die mir Anhaltspunkte geben, wie ich dieses Buch entsprechend überarbeiten kann. Du kannst mir natürlich auch schreiben, wenn du das Buch großartig gefunden hast. Ich freue mich über jede Art der Kritik.

Neben meinen Büchern und der nebenberuflichen Autorentätigkeit betreibe ich einen Blog. Diesen findest du unter **http://schuldenkobold.eu**. Hier erscheinen in einigermaßen regelmäßigen Abständen neue Beiträge, die sich hauptsächlich um die Themen Finanzen und Persönlichkeitsentwicklung drehen. Eventuell findest du dort auch etwas, was dich interessiert.

Nun möchte ich zum Schluss kommen und mich noch einmal in aller Form bei dir für den Kauf meines Buches bedanken. Ich wünsche dir alles erdenklich Gute und schließe ab mit einem Zitat von Erich Kästner:

„Es gibt nichts Gutes, außer man tut es."

Vom Pleitegeier zum Adler

Haftungsausschluss

Die Inhalte dieses Buches wurden mit größter Sorgfalt erstellt. Für die Richtigkeit, Vollständigkeit und Aktualität der Inhalte kann der Autor jedoch keine Gewähr übernehmen. Jede Aussage dieses Buches ist aus eigener Erfahrung und/oder aus bestem Wissen getroffen worden. Das Buch beinhaltet allgemeine Strategien beziehungsweise persönliche Strategien, die aus der Erfahrung des Autos entstanden sind. Das gesamte Werk kann definitiv nicht als Anleitung verstanden werden. Ob und wie eventuelle Ratschläge in die Tat umgesetzt werden, liegt einzig und allein am Leser dieses Buches. Aus diesem Grund übernimmt der Autor keinerlei Haftung für etwaige Schäden.

Dieses Buch enthält Links zu externen Webseiten Dritter, auf deren Inhalte der Autor keinen Einfluss hat. Aus diesem Grund kann für diese fremden Inhalte ebenfalls keine Verantwortung übernommen werden. Für diese Inhalte ist der jeweilige Betreiber selbst verantwortlich.

Die mit „*" gekennzeichneten Links sind sogenannte Affiliate Links. Der Autor bekommt bei einem Kauf des Produktes eine kleine Provision. Diese Provisionen beeinflussen in keinem Fall den Preis des Produktes. Boris Ponitka, der Autor dieses Buches, ist Teilnehmer des Partnerprogramms von Amazon EU, das zur Bereitstellung eines Mediums für Websites konzipiert wurde, mittels dessen durch die

Die Reise beginnt

Platzierung von Werbeanzeigen und Links zu Amazon.de Werbekostenerstattung verdient werden kann.

Zum Zeitpunkt der Verlinkung wurden die Seiten auf eventuelle Rechtsverstöße ausgiebig geprüft und keine gefunden. Eine dauerhafte, permanente inhaltliche Kontrolle der verlinkten Seiten ist ohne Anhaltspunkt für eine eventuelle Rechtsverletzung nahezu nicht möglich und auch nicht zumutbar.

Bei Bekanntwerden von Verletzungen der Gesetze etc. werden derartige Links natürlich umgehend entfernt.

Impressum

© Autor Boris Ponitka

1. Auflage

Alle Rechte vorbehalten.

Nachdruck, auch auszugsweise, verboten.

Kein Teil dieses Werkes darf ohne schriftlich Genehmigung des Autors in irgendeiner Form reproduziert, vervielfältigt oder verbreitet werden.

Kontaktdaten:

Boris Ponitka / Bachbreite 12 / 37124 Rosdorf

Tel: 0176-57928272 / E-Mail: boris.ponitka@web.de

Bei Fragen, Wünschen oder Beschwerden kontaktieren Sie mich bitte vorzugsweise per E-Mail.

Covergestaltung und Idee: Boris Ponitka

Coverfoto: http://www.fiverr.com

Covererstellung: http://www.fiverr.com

www.ingramcontent.com/pod-product-compliance
Lightning Source LLC
Chambersburg PA
CBHW020915180526
45163CB00007B/2742